KB265014

복지가
왜 권리일까?

잘 지내!!

복지가 왜 권리일까

이창곤 글 | 원혜진 그림

나무를 심는 사람들

혼자만 잘살면 무슨 재미일까?

《혼자만 잘 살믄 무슨 재민겨》, 한 고집쟁이 농사꾼이 쓴 책의 제목입니다. 1993년에 초판이 나온 이래 꾸준히 사랑받아 온 책이에요. 낯설겠지만, 여러분의 엄마, 아빠는 아실 수 있어요. 어쩌면 부모님의 책장에 꽂혀 있을지도 몰라요.

이 책의 저자인 작고한 전우익 선생은 나무와 풀을 좋아하고 쓰레기를 남기지 않는 삶을 추구한 분이에요. 돌아가셨지만 생전에 경북 봉화에서 농사를 지었어요.

선생은 책에서 경상도 사투리로 이렇게 말해요.

"혼자만 잘 살믄 별 재미없니더. 뭐든 여럿이 노나 갖고 모자란 곳을 두루 살피면서 채워 주는 것, 그게 재미난 삶 아니껴."

그의 말에 대해 여러분은 어떻게 생각해요? 너도 나도 잘살겠다고 바득바득 이를 갈고 옆 사람이든 앞사람이든 누구에게나 기를 쓰고 이기려 하는 경쟁 세상에서 선생의 말은 바보 같은 생각이 아닐까라고 여기는 이도 있을 거예요. 그럴 수 있어요.

하지만 곰곰이 생각해 봐요. 여러분은 가장 재미있고 행복할 때가 언제인가요? 나 홀로 있을 때인가요? 아니면 친구들과 어울려 수다 떨며 신나게 놀 때인가요? 그렇죠. 대다수는 서로 어울릴 때가 좋다고 여길 것입니다.

잘 생각해 보면, 선생의 말은 삶에 대한 지혜와 통찰을 보여 줍니다. 선생은 세상은 혼자 사는 게 아니라는 중요한 명제를 새삼 일깨워요. 선생은 재미있는 삶은 "여럿이 노나 갖고 두루 살피면서 채워 주는 것"이라고 강조했습니다. 선생이 말한 "노나 갖는 것"은 나눔이라고 할 수 있을 것입니다. "두루 살피면서 채워 주는 것"은 이웃이나 주위 사람들이 무엇이 모자라고 필요한지를 살펴, 나눠 주거나 그 욕구를 채워 주는 것을 가리키는 게 아닐까 싶어요.

사람은 본디 이렇듯 나누고 채워 줄 때 재미나고 행복감을 느낀다는 것이 고 전우익 선생이 우리에게 전하고 싶은 메시지입니다. 사람들의 필요를 채워 주고 모자란 것을 나눠 줌으로써 재미를 느끼고, 받는 이 또한 감사와 행복을 함께 느낀다면, 이보다 행복한 순간이 어디 있을까 싶네요.

이런 말씀은 비단 전 선생의 생각만은 아니에요. 국립생태원장을 지낸 최재천 이화여대 석좌교수는 인간의 학명을 "호모 심비우스(Homo Symbious)"라고 주창합니다. 우리말로 풀이하면 함께 살아간다는 공생인이라고 할 수 있어요. 그런데 최 교수의 메시지는 전 선생의 말씀에 또 하나의 의미가 덧붙여 있지요.

이제는 우리 인간이 행복하기 위해선 인간과 인간끼리 나누고 채워 주는 것만 생각해서는 모자란다는 것이죠. 인류는 자연의 일부이기에 나눔은 다른 생명에게도 확장되어야 한다는 말이에요. 즉 인간은 오늘날 자연과 지구를 공유, 공존해야 한다는 뜻이죠.

여러분도 알고 있듯이 현생 인류를 두고 호모사피엔스라고 부릅니다. 슬기로운 사람이란 뜻이죠. 때로 이 말은 틀렸다고 여겨질 때가 많아요. 현실에선 슬기롭지 않을 때가 많기 때문이죠.

끊임없는 탐욕과 성장을 위한 성장을 추구할 때가 그렇고요, 동식물을 지배하고 착취하고 지구를 훼손할 때는 더욱 그렇죠. 그러다 결국 오늘날 인류는 생존을 위협받는 재앙을 부르고 있습니다. 기후 위기에 따른 재난이 생생한 사례이죠. 숱한 생물이 사라지는 이른바 생물 다양성 상실도 마찬가지예요. 이름하여 생태 위기입니다. 이 위기는 인간 자신의 활동에 따른 결과라고 과학자들은 말합니다.

인간이 두루 행복하려면 가장 중요한 게 뭘까요? 흔히 행복의 조건이 뭐냐고 물으면 좋은 배우자를 만나 단란한 가정을 이루는 것을 꼽습니다. 건강하게 사는 것을 1순위로 꼽는 이들도 있습니다. 어떤 이는 돈과 명성을 얻는 것을, 다른 이는 여가 생활을 즐기는 것을 말하기도 합니다.

행복의 조건으로 건강, 사회경제적 성취, 의미 있는 타인과의 관계, 그리고 여가 시간 사용 등이 중요합니다. 하지만 아무리 이런 것을 갖춰도 사람은 늘 건강하고 단 한 번도 실패 없이 성취만 이루며 살기는 어렵습니다. 모든 이들과 항상 좋은 관계를 지니거나 제 맘대로 시간을 사용할 수 있는 이도 극소수뿐일 것입니다.

누구나 한 번쯤 실패와 좌절, 빈곤 등 삶의 어려움에 처합니다. 이럴 때 누군가가 의지가 되듯이 국가와 사회가 제도를 통해 보호해 준다면 우리는 다시 일어설 수 있습니다. 우리의 행복은 앞서 전 선생과 최 교수의 말씀대로 서로가 서로의 필요를 채워 주고, 살면서 겪는 각종 어려움에 대해 모두를 안전하게 보호해 줄 수 있는 시스템이 작동될 때 보장될 수 있을 것입니다. 궁극에는 사회 구성원이라면 누구나 인간다운 삶이 기본적 권리로 보장되는 사회에서 살아간다면 다 함께 행복할 시간이 더 많아지지 않을까요? 우리는 이런 시스템을 통칭 복지 또는 사회보장제도라고 말하고, 그런 제도가 잘 갖춰진 나라를 두고서 좋은 복지국가라고 말합니다.

헌법은 국민의 기본적 인권을 보장하는 국가 최고의 규범입니다. 대한민국 헌법 제10조에는 "모든 국민은 행복을 추구할 권리를 가진다"라고 규정되어 있습니다. 행복추구권이 보장되기 위한 가장 중요한 장치가 복지입니다. 어째서 그럴까요? 이 책이 말하고자 하는 것은 바로 이 질문의 답입니다.

복지가 무엇이고 왜 그것이 권리인가? 복지국가는 어떻게 만들어졌고, 좋은 복지국가는 어떤 나라인가? 이 책을 통해 이 질문의 답을 함께 살펴보아요.

 차례

프롤로그

혼자만 잘살면 무슨 재미일까? 4

1장
복지가 궁금해

1 '잘 지내'라는 말이 복지라고? 14

2 복지가 왜 중요해? 18

3 빵만 먹고 살 순 없다고? 23

4 가난, 개인의 책임일까? 국가의 책임일까? 27

5 토끼와 거북이의 경주는 공정한 걸까? 31

6 복지가 '사회권'이라고? 35

2장
복지의 탄생

7 가난하고 나이 든 여자를 마녀로 몰았다고? **40**

8 《올리버 트위스트》가 사회 고발 소설이라고? **45**

9 '내셔널 미니멈'이란? **49**

10 가난도 괴로운데 복지충? **53**

3장
복지국가의 의미

11 베버리지가 복지국가의 아버지라고? **60**

12 영국은 무상 의료인데 미국은 민간 의료라고? **65**

13 경제는 세계 1등인데 행복 순위는 23등? **70**

14 스웨덴이 복지 천국이 된 비결은? **74**

15 '모든' 아이는 '모두의' 아이? **79**

4장
한국은 어떤 복지국가일까?

16 우리나라는 복지에 얼마나 쓸까? 86

17 복지 한국은 어떻게 만들어졌나? 91

18 정규직만을 위한 복지라고? 97

19 보편 복지가 좋을까? 선별 복지가 좋을까? 103

5장
우리나라의 복지 제도 1

20 우리나라 복지의 세 축은? 110

21 100세 시대, 노후엔 누가 우리를 지켜 줄까? 116

22 돈만 내고 나중에 못 받을까 봐 불안해? 121

23 비싼 의료비 때문에 죽지 않으려면? 127

24 로봇 때문에 갑자기 직장을 잃는다면? 133

25 우리나라 산업재해 사망률이 1위라고? 137

26 치매가 무섭다고? 141

6장
우리나라의 복지 제도 2

27 유치원이 아니라 노치원이라고? **148**

28 내 집에서 노후를 보낼 순 없을까? **152**

29 송파 세 모녀를 왜 지키지 못했을까? **156**

30 폐지 줍는 어르신은 하루에 얼마를 벌까? **162**

31 아이를 상자에 버린다고? **167**

32 18세가 되었으니 보육원을 나가라고? **172**

33 누가 장애인일까? **176**

34 지옥고에서 살아 본 적이 있다고? **180**

7장
인류세 시대, 새로운 복지국가는?

35 복합 위기를 대비해야 한다고? **186**

36 기후 취약 계층이 있다고? **191**

37 녹색복지는 선택이 아닌 필수? **195**

38 녹색복지국가는 어떻게 가능할까? **199**

39 정의로운 전환은 가능할까? **203**

40 실패해도 괜찮은 이상한 나라의 앨리스? **207**

•에필로그
인간의 얼굴을 한 복지국가 **211**

복지가
궁금해

1

'잘 지내'라는 말이 복지라고?

여러분은 복지가 뭐라고 생각하나요? 많이 들어봤는데, 막상 뭐냐고 물으면 대답하기 어렵죠? 많은 개념이 그래요. 하지만 자세히 설명을 못 해도 대략 짐작은 할 것입니다. 그럼 살펴볼까요?

이 분야에서 오래 공부한 학자들도 복지란 개념을 설명해 달라고 하면 답변이 제각각일 때가 많아요. 개념 풀이란 게 그래요. 그렇지만 어떤 개념이든 그 정의(定義)를 알아보는 건 중요합니다. 정의는 많은 학자들이 오랜 고민과 논의 끝에 만들어진 것이기에 그 말의 핵심을 담고 있기 때문입니다.

보통 여러분은 모르는 단어가 나오면 어떻게 하나요? 인공지능이나 유튜브에 물어보나요? 아니면 네이버나 다음, 구글 등 포털 사이트에서 검색하는 이들도 있겠지요. 네, 당장 해 보세요. 이런저런 영상을 보거나 설명을 읽으면 어느 정도 감이 잡힐 것입니다.

이제 본론으로 들어갈게요. 우리가 말하는 많은 말이 그렇듯 복지(福祉)도 한자어예요. 두 단어 모두 "복"을 뜻합니다. 복을 국어사전에서 찾아보면, "삶에서 누리는 좋고 만족할 만한 행운, 또는 거기서 얻는 행복"이라고 풀이합니다. 복지란 만족할 만한 상태, 행복과 매우 관련이 크다는 이야기죠.

더 따져 볼까요? 복지란 한자어는 사실 영어의 welfare란 말을 옮긴 것이랍니다. 번역어죠. well은 "좋은"이란 뜻이고, fare는

"지내다"라는 뜻이라는 건 여러분도 알 거예요. 바로 이 두 말의 조합이 welfare이니 두 말을 합쳐 풀이하면 "잘 지내다"란 뜻이 되네요.

잘 지내는 상태는 다른 말로 하면 "잘 사는 상태"를 뜻하죠. 불행하지 않은 또는 만족스러운 상태란 뜻과 맞닿습니다. 이처럼 복지는 불행하지 않음 또는 행복이란 말의 뜻을 품고 있지요.

이쯤이면 학자들이 어떻게 이 말을 정의했는지 살펴보는 게 좋겠어요. 한 복지학자는 "만족스러운 상태, 건강, 번영, 안녕 등"이라고 말하네요. 어원과 비슷하죠. 다른 복지학자도 "더할 나위 없이 좋고 만족스러운 삶이 영위되며, 건강과 행복의 조건이 충족되는 상태"라고 하네요. 다만, 전공과 가치관에 따라 분배와 권리, 평등, 참여 등 학자마다 강조점이 다소 다를 뿐이죠.

복지는 행복 지킴이, 안전 지킴이

복지를 말하면서도 학문적 배경에 따라 강조점이 조금 다르게 나타나는 건 복지의 뜻이 매우 포괄적인 의미를 갖거나 실천적이고 정치적인 의미를 띠기 때문이랍니다. 그래서 한 학자는 "복지는 인간이 사회에 적응하지 못하는 문제를 해결하기 위한 조직적이고 실천적인 활동"이라고 정의합니다. 이런 노력은 두 가지

방법이 있는데, 하나는 개인을 사회에 적응시키는 것이고, 다른 하나는 사회, 그 자체를 변화시켜서 개인을 적응시키는 것이죠. 전자의 예가 상담이라면, 후자의 예는 법이나 제도를 만들어 실행하는 것이에요.

저는 복지를 이렇게 말하고 싶네요. "당신의 행복 지킴이, 안전 지킴이"라고요. 마침 제 풀이와 비슷하게 이야기하는 학자도 있네요. 복지는 "행복한 상태를 지향하는 인간의 노력"이라고요.

이제 좀 감이 오나요? 아니면 아직도 감감하거나 깜깜하나요? 그래도 걱정 마세요. 단언컨대, 여러분이 이 책의 마지막 장을 펼칠 때는 복지에 대해 많이 이해할 수 있을 것입니다. 뿌듯해하는 분들도 있을 거예요. 보통 "왜 사냐?"라고 물을 때, 적잖은 사람들이 이렇게 답해요. "행복하려고요." 행복은 위험하거나 불안전할 때는 결코 느끼거나 지속할 수 없는 감정이지요.

여러분 행복해요? 잘 살고 있는 것 같아요? 복지에 대한 물음은 다만 이 행복이 특정 개인의 것이 아닌 사회 구성원 모두의 안전과 안정, 행복을 추구하고 보장하려는 것임을 강조하기 위함이죠. 자, 그러면 지금부터 "어떻게 하면 행복할 수 있는지", 어떻게 하면 좀 더 안전하고 안심하고, 안정적으로 살아갈 수 있는지를 함께 알아볼까요?

2

복지가 왜 중요해?

친구들과 신나게 웃고 떠들었던 좋은 시간만 떠오른다면 행운입니다. 하지만 한 번쯤은 슬프거나 가슴 아픈 날들이 있었을 거예요. 바로 그 순간을 떠올려 보세요.

어떤 친구는 가족 중에 누군가가 아파 병원에 입원했을 때를 떠올릴지 모르겠어요. 그때 우리 친구의 마음은 어땠나요? 다른 친구는 아빠나 엄마가 어제까지 나갔던 회사에서 느닷없이 해고되어 디는 벌이를 하지 못하게 된 순간을 떠올릴지도 모르겠어요. 망연자실해 깜깜한 방에서 우두커니 앉아 있는 부모님을 본 적이 있나요? 여러분과 달리, 부모님은 아프고 슬프고 고통스러운 순간들이 더 많았을 것입니다. 할아버지, 할머니들은 더 크게 더 자주 그런 경험을 했을 거예요. 일제강점기 이후 격동의 한국사를 떠올리면 짐작을 할 수 있을 것입니다.

우리가 사는 세상은 자본주의사회입니다. 누구나 일을 하고 어느 정도 돈을 벌어야 인간다운 생존을 누릴 수 있는 곳이란 뜻이죠. 그런데 밥벌이를 도맡은 아빠나 엄마가 갑작스레 사고를 당하거나 아파서 회사를 다니지 못한다면, 이는 엄마, 아빠만의 문제가 아니라 가족 전체의 생존을 위협받는 "사건"이 됩니다. 상상이 아닌 현실 속의 세상은 여러분이 생각하는 것보다 안심하거나 안전하지 못해요. 이럴 때를 두고 우리는 흔히 불행이라고 하지요. 학자들은 이런 사고나 사건 등을 "사회적 위험"이라고 해요. 복지를 이야기할 때 아주 중요한 개념입니다.

여러분이 등교할 때 차들이 많이 오가지요. 그런데 등굣길에 접하는 큰 도로에서 평소에 잘 작동하던 신호등이 제대로 작동하지 않는다면 난감할 수밖에 없지요. 좌우로 살피지만 차들이 쌩쌩 지나갈 때는 위험과 불안을 느낄 수도 있을 것입니다. 또 다른 순간도 있을 것입니다. 자전거를 타고 차도로 지나가야 할 때, 혹은 산에 올라 낭떠러지 앞에 섰을 때, 이런 상황에 두려움을 느낀 적이 있을 것입니다. 우리가 살면서 겪는 위험한 순간들이죠. 우리가 직면하는 위험은 참으로 많습니다. 어떤 위험은 우리 자신이 아무리 주의를 기울이거나 노력해도 혼자 힘으로 대처하거나 극복할 수 없습니다. 바로 앞서 말한 사회적 위험이 그렇습니다. 아주 극소수를 제외하고는 누구나 겪을 수 있다는 점에서 매우 보편적으로 닥칠 수 있는 위험입니다.

구체적인 예로 설명하면 이해가 쉬울 것입니다. 대표적인 사회적 위험은 질병입니다. 감기 같은 작은 병이야 며칠 쉬면 되지만, 상당 기간 일을 할 수 없는 중병에 걸리면 직장에 나가 돈을 벌 수도 없고, 병을 고치려다 치료비를 감당 못해 가정경제가 파산지경에 이를 수도 있지요.

생애 주기별로 찾아오는 사회적 위험에 대한 안전장치

사실 사회적 위험은 누구에게나 생애 주기별로 다가옵니다. 인간은 누구나 태어나기 전부터 죽을 때까지 온갖 사회적 위험에 놓여 있어요. 국제노동기구(ILO)는 지난 1952년 주요 사회적 위험을 9가지로 꼽고, 이에 대처할 것을 강조했어요. 이 기구가 제시한 9가지 사회적 위험은 의료(질병), 장애(요양), 실업, 노령, 산업재해, 자녀 양육, 직업 능력의 상실, 임신과 분만, 부양자의 사망입니다. 이들 위험은 모두 우리가 살아가면서 겪을 수 있는 것으로 개인이나 홀로 감당하기 어려운 것이죠. 자녀 양육도 위험이라고요? 곰곰이 생각해 봐요.

국제노동기구는 이들 위험에 대처하기 위해 복지 제도도 함께 제시했어요. 예컨대 아플 땐 국가에서 의료급여나 의료보험제도를 갖추고 직장에서는 휴양을 위한 상병급여를 지급하도록 권고했어요. 실업 상황에는 실업급여, 늙어 일을 하기 힘들 때는 노령급여(국민연금), 일터에서 사고를 당했을 때는 고용 재해급여(산업재해보상보험)가 각각 마련될 필요가 있다고도 제시했습니다. 자녀를 양육하는 가구에는 가족급여(가족수당)를, 몹쓸 병에 걸려 장애를 입은 경우엔 중증요양급여를, 또 임신과 분만에는 모성급여를, 마지막으로 가장이 사망한 경우에는 사망급여를 지급하라고 권고했습니다. 국제노동기구는 이런 내용을 〈사회보장의 최저기준에 관한 협약〉에 담았어요.

오래전에는 출산, 노령, 장애 등은 개인의 문제였는데, 지금은 이들을 사회문제로 보고, 국가가 제도를 통해 일정 책임을 지고 있지요. 이들 문제는 누구에게나 일어날 수 있기에 이를 방치하면 여러 부작용이 뒤따르기 때문이지요.

오늘날 복지는 한 사회 구성원들이 두루 겪는 사회문제에 대해 국가가 책임 있게 대응하는 것을 말해요. 이름하여 "사회적 위험"으로부터 시민을 보호하는 안전장치인 것입니다. 다만 이 장치는 사회 구성원들이 다 함께 힘을 모아 대응함으로써 이루어질 수 있다는 점에서 개인적으로 하는 자선이나 시혜와는 다르답니다.

3

빵만 먹고 살 순 없다고?

는 것을 욕구라고 말하죠. 학자들은 이를 필요라고도 말합니다. 복지와 욕구는 또 어떤 관계가 있는지 알아볼까요? 나아가 사람이 살아가는 데 필수적인 욕구는 뭔지도 궁금하지 않나요?

여러분은 지금 어떤 욕구를 강하게 느끼나요? 먹는 것? 그래요. 한창 자랄 나이니 떡볶이나 마라탕 등 맛있는 음식을 먹고 싶은 욕구가 클 것입니다. 어떤 친구는 잠이라고 말할지 모릅니다. 한국의 10대는 늘 잠이 부족하죠? 이른 아침에 등교해 수업을 마친 뒤에도 늦은 밤까지 학원이나 도서관에서 공부하는 게 일상이니까요. 시험 기간에는 특히 더 그렇겠죠? 이처럼 식욕과 수면욕은 이성에 끌리는 성적 욕구처럼 본능적 욕구입니다.

그도 그럴 것이 인간도 동물입니다. 따라서 식욕, 성욕, 수면욕을 지닙니다. 그런데 인간은 이런 본능적 욕구만 있는 게 아닙니다. 인간은 사회 속에서 다른 사람들과 관계를 맺으며 살아갑니다. 이성을 지닌 사회적 존재이죠. 그러하기에 인간은 단지 생존을 위한 본능적 욕구만이 아닌, 사회적 존재로서 사회생활을 위해 꼭 필요한 욕구가 있습니다.

미국의 심리학자 매슬로는 인간의 욕구를 다섯 가지 단계로 구분합니다. '욕구 5단계설'이라고 합니다. 가장 첫 번째 단계는 생리적 욕구입니다. 의식주와 성욕을 가리키죠. 두 번째가 안전의 욕구입니다. 위험이나 위협, 박탈에서 자신을 보호하고 불안을 회피하려는 욕구예요. 세 번째는 애정과 소속 욕구입니다. 가족, 친구 등과 관계를 맺고 원하는 집단에 속하고 싶은 욕구죠. 네 번째는 존중의 욕구입니다. 존중, 자신감, 성취, 존경 등에 관한 욕구예요. 마지막 5단계는 뭘까요? 바로 자아실현 욕구입니다. 자신의 잠재력을 최대한 발휘해 자신을 계속 발전시키고 싶은 욕구죠. 성장 욕구라고도 해요.

"사람은 결코 빵만으로 살 수 없는 존재"

그렇습니다. 사람은 이들 욕구가 적절히 채워지지 않으면 고통을 느끼게 됩니다. 사람이 사람답게 살려면 생리적 욕구를 넘어 인간다운 삶을 위해 꼭 필요한 사회적 욕구가 적절히 채워져야 하겠지요.

어떤 학자는 인간의 기본욕구로 생물적 욕구와 자율성을 들기도 합니다. 인간이 일상생활에서 단순한 생존을 넘어 사회적 존재로서 무언가 의미 있는 목적을 추구하려면 좋은 신체적 건강과 스스로 결정하고 선택할 수 있는 자유, 즉 자율성이 필수적이란 것입니다.

예를 들어, 여러분 자신이 교도소에 갇힌 죄수라고 상상해 보세요. 나라에서 세끼 밥을 주지만 철창 안에서 내내 살아야 하니 자유가 없습니다. 자유가 없는데 사람이 과연 행복할 수 있을까요? 인간은 영양 있는 음식과 깨끗한 물, 적절한 주거가 필요한 것은 물론 안전한 작업환경에, 아플 때 언제나 치료받을 수 있는 의료 시설과 기기, 의사 등이 있어야 하며, 밤거리를 자유롭게 걸을 수 있으려면 치안도 잘 갖춰져 있어야 하겠지요.

이들 기본욕구가 채워지지 못해 인간다운 생활을 영위하지 못하면 사회적 위험에 빠졌다고 할 수 있으며, 이런 상황은 또한 복지를 상실한 상태라고 말할 수 있습니다. 국가나 공동체가 마련한 기본욕구 충족을 위한 제도적 장치, 즉 복지가 없어 기본욕구를 충족하지 못한 상태인 것이죠.

그러고 보니, 복지는 인간이 인간답게 살 수 있도록 하기 위한 기본욕구를 충족시켜 주는 사회제도로서 이는 한 사회 구성원들이 합의한 사회적 약속이라고도 할 수 있습니다. 극단적으로 가난해 스스로 생활할 수 없는 사람들, 집이 없거나 임대료를 감당할 수 없는 사람들, 노인이나 장애인 같은 취약한 사람들, 모두 기본욕구가 충족되지 못한, 사회가 보호해야 할 사람들입니다.

가난, 개인의 책임일까? 국가의 책임일까

이쯤이면 의문을 떠올리는 친구들이 있을 것입니다. 가난과 질병, 실업 등을 두고 위험이라고 하는데, 왜 이런 위험을 국가와 공동체에서 책임져야 하는지 말입니다. 가난은 개인의 책임일까요? 아니면 사회와 국가의 책임일까요? 여러분은 어떻게 생각하세요?

"가난은 게으르거나 부자 부모를 못 만난 탓이고, 해고는 능력이 없어서 당한 거 아닌가? 사회적 위험이란 것도 따지고 보면 다 개인의 탓으로 생긴 위험이 아닌가, 그러니 왜 사회와 국가가 복지란 이름으로 그것도 법으로 정해 보호하고 보장해 줘야 하나?" 우리는 종종 이런 이야기를 듣습니다. 실은 꽤 오래전부터 이어져 온 사람들의 생각이에요. 복지의 탄생은 콘크리트처럼 단단하게 굳은 이와 같은 생각에 대한 거대한 도전의 역사이기도 해요.

서구 역사에서 이런 생각에 대한 인식의 전환이 이루어진 것은 19세기 말이었어요. 이전까지 가난한 사람들은 게으르거나 도덕적인 결함이 있는 사람들이란 생각이 지배적이었죠. 그래서 가난의 책임 또한 개인의 탓이라는 게 일반적인 인식이었죠. 당시 가난한 사람들에 대한 구제는 부자들의 선한 마음에 따른 자선이나 왕의 너그러운 시혜로 이루어졌고, 그조차 없으면 떠돌며 걸식하거나 도둑질하거나 굶어 죽는 수밖에 없었습니다.

이런 사람들의 생각을 바꾸게 한 것은 영국의 경우 두 사람의 빈민에 대한 조사가 큰 역할을 했습니다. 영국의 사회문제 연구가 찰스 부스는 1886년 당시 자신이 사는 런던에 얼마나 많은 빈민이 살고 있는가를 알아보려 했습니다. 극빈 지역에서 전 지역으로 점차 넓혀 조사를 전개했습니다. 나중에 그는 그 조사 결과를 17권의 책으로 펴냈는데, 여기서 그는 런던 인구의 30.7%, 즉 129만 2737명이 가난하다는 결론을 내렸어요. 열에 셋이 가난한 사람들로 나타났죠. 예상보다 엄청나게 많은 사람이 빈곤에 시달리고 있다는 것을 확인했어요.

이렇게 많은 사람이 가난하다면, 이걸 개인의 탓이라고 할 수 있는가? 이 조사에서 부스는 왜 사람들이 그렇게 가난한가도 살펴봤습니다. 가난한 사람들만 따로 뽑아 그 원인을 조사해 보니, 게으름뱅이는 전체 인구의 4%에 불과했습니다. 술을 많이 마시거나 무절제한 사람들이 14%였고요. 그런데 전체의 절반 이상인 55%는 죽어라 일해도 가난하다는 걸 확인했어요. 나머지 27%는 가장이 병에 걸렸거나 먹여 살려야 할 가족의 수가 너무 많기 때문이었습니다.

시봄 라운트리란 사람은 부스의 조사를 본떠 1889년 영국 요크시에서 비슷한 조사를 했습니다. 그는 부스보다 좀 더 과학적인 방법으로 요크시의 모든 노동자 가구를 대상으로 대규모 조사를 벌여 빈곤의 원인을 밝혔습니다. 조사 결과, 그 또한 51.96%가 정규 노동에 종사하고 있음에도 가난에 허덕이고 있다는 것을 확인했죠. 가난은 게으름보다 저임금이 원인이라는 것을 밝혀낸 것이에요. 그다음으로 자녀가 4인 이상인 대가족이거나 가장이 사망한 게 원인이었고, 가장이 늙거나 아픈 게 다음의 이유였어요. 이는 지금도 다르지 않아요.

가난은 개인의 게으름이 아닌 사회구조적 문제

두 사람의 조사는 빈곤에 대한 사람들의 인식을 완전히 바꿔 놓았답니다. 가난은 결코 개인의 게으름이나 도덕적 결함 때문이 아니며, 다분히 사회구조적 문제 때문이라는 것을 알게 되었어요. 동시에 이들 문제는 국가가 개입하여 해결할 수 있다는 생각을 낳게 했습니다. 당시로선 엄청난 인식의 대전환이었습니다.

사람들은 차차 가난, 병, 사고 같은 문제들은 누구에게나 일어날 수 있는 일이라고 생각하게 됐어요. 이런 어려움으로 인해 가난에 빠질 때 함께 돕는 시스템이 필요하다는 생각도 자연스레 확산됐어요. 마치 친구가 넘어졌을 때 일어설 수 있도록 도와주는 것처럼, 가난, 병, 사고 등의 어려움을 함께 나누면, 더 많은 사람이 행복하게 지낼 수 있고, 장기적으로는 더 나은 사회가 될 수 있다는 생각으로 발전한 것이죠.

5

토끼와 거북이의 경주는 공정한 걸까?

여러분, 이솝우화 〈토끼와 거북이〉 아시죠? 토끼와 거북이의 달리기 경주, 그 유명한 이야기 말입니다. 그런데 이 달리기 경주는 다양한 질문과 메시지를 던집니다. 여러분, 토끼와 거북이의 달리기, 과연 공정한 경주인가요?

〈토끼와 거북이〉 우화에서 토끼는 똑똑하지만 나태한 사람을 상징합니다. 거북이는 토끼보다 똑똑하지는 못해도 성실해서 꾸준히 목표를 향해 하나하나 쌓아 가는 사람을 가리키죠. 이 경주의 최종 승자는 거북이입니다. 이 우화에서 사람들은 대체로 거북이처럼 성실하게 사는 게 중요하다는 교훈을 생각합니다.

그런데 이 이야기를 다르게 해석해 볼 수도 있습니다. "잠자는 토끼도 잘못이지만 발소리를 죽이고 몰래 지나가는 거북이도 떳떳하지 못합니다. 토끼를 깨워 함께 가야 합니다." 한 광고 문구입니다. 이 광고는 잠자는 토끼를 깨우지 않은 거북이도 공정하지 않아 잘못이라는 해석을 하고 있습니다. 그러자 잠든 것은 토끼 잘못인데, 거북이가 깨우지 않았다고 공정하지 않다고 지적하는 건 지나치다는 반론도 나옵니다. 여러분은 이 우화를 읽으면서 어떤 생각을 해 보셨나요?

대한민국 헌법 제10조는 "모든 국민은 인간으로서 존엄과 가치를 가지며, 행복을 추구할 권리를 가진다. 국가는 개인이 가지는 불가침의 기본적 인권을 확인하고 이를 보장할 의무를 진다"

고 규정합니다. 헌법의 행복추구권 조항입니다.

행복이란 게 사람마다 기준이 달라서 이 조항이 막연하게 느껴질 수 있을 것입니다. 학자들은 이 조항에서 행복추구의 뜻을 구체적으로는 이렇게 풀이합니다. 자기가 원하는 대로 살아갈 수 있고, 국가나 타인으로부터 불행이나 고통을 강요당해서는 안 된다는 뜻이라고 말이에요. "모든 국민은 법 앞에 평등하다. 누구든지 성별·종교 또는 사회적 신분에 의하여 정치적·경제적·사회적·문화적 생활의 모든 영역에 있어서 차별을 받지 아니한다."

이는 헌법 제11조 제1항입니다. 이름하여 평등권 조항입니다. 불평등이 높은 사회에서 사람들이 행복을 느끼기는 어렵겠지요? 10조는 11조와 긴밀히 연관되어 있습니다. 그렇다면 제11조 1항대로 우리는 지금 평등한가요? 토끼와 거북이의 경주는 둘 다 같은 출발선에서 똑같이 서서 달리도록 했으니 평등한 경주인가요? 아니면 토끼와 거북이는 애초 신체적 능력이 다르니 같은 출발선에 동일한 기회가 주어졌다고 해도 공정하고 평등한 경기라고 할 수 없는 건가요? 의문은 여기서 나옵니다.

곰곰이 따져 볼까요? 세상은 여러분이 생각하는 것 이상으로 평평하지 않습니다. 현실에서 우리는 국가, 인종, 성별, 언어, 그리고 부모의 사회적 지위나 재산 정도에 따라 출발의 조건이 확연히 다릅니다. 기회의 평등은 특정 능력과 조건을 가진 사람에게는 좋은 것이지만, 그렇지 않은 사람에게는 나쁜 것일 수 있습니다. 조건이 확연히 다른데, 같은 기회를 줬다고, 왜 못하냐고 비난하는 것은 공정하지 못하죠. 부잣집 아이는 어릴 적부터 부모의 지원 아래 비싼 과외를 받고 자라지만, 가난한 집 아이는 과외는커녕 어린 나이에 부모의 일을 돕거나 돈을 버는 아르바이트를 해야 한다면, 두 사람 모두에게 대학 입시를 볼 기회가 똑같이 주어졌으니 평등하다고 할 수 있을까요?

이런 눈으로 보면 토끼와 거북이의 경주는 불공정하고 불평등한 게임이 아닐까요? 자본주의사회, 민주주의 국가에서는 누구나 열심히 하면 잘살 수 있다고 합니다. 실제 이런 나라에서는 더는 신분이나 출신으로 차별하지 않습니다. 그런데 왜 많은 이들이 언젠가부터 이제 개천에서 용이 날 수 없는 시대라고 말하는 것일까요? 기회가 아무리 무한정 주어져도, 공부할 절대 시간이 부족한 가난한 집 아이들은 학원 수업에다 별도의 과외 선생까지 두는 부잣집 아이들과의 경쟁에서 이기기 쉽지 않지요. 출발선이 공평하지 않을 때, 그 차이를 줄여 주는 것, 복지가 필요한 또 하나의 이유입니다.

복지가 '사회권'이라고?

여러분, 가치가 높다, 낮다, 이런 이야기를 들어봤지요? 여기서 가치는 값어치나 쓸모란 뜻이지요. 모든 사물은 저마다 가치, 즉 값어치가 있어요. 예 컨대 볼펜은 유용한 필기도구란 값어치가 있고, 자전거는 탄소 배출을 일으키지 않는 유용한 교통수단이자 레저 기구로서의 가치가 있지요. 그렇다면 복지의 핵심 가치는 뭘까요?

복지는 본질적으로 가치를 추구하는 실천이자 활동이에요. 가치와 떼래야 뗄 수 없어요. 복지는 경제적 효용성을 기준으로 작동하는 상품이나 돈을 주고 구매하는 사적 서비스와는 근본적으로 달라요. 복지가 추구하는 가장 기본적인 가치는 "인간은 누구나 인간으로서 존중받아야 한다"는 것, 즉 인간의 존엄성이라고 할 수 있어요. "인간은 누구나 신분이나 직업, 경제적 부의 유무나 사상, 출신 지역, 민족, 피부색, 성별, 연령을 이유로 차별하거나 차별받거나 해서는 안 된다"는 인식이지요. 이는 복지만의 가치는 아니지만 복지가 궁극적으로 추구하는 가치죠.

그런데 인간의 존엄은 그냥 보장되는 게 아니죠. 몸 하나 누일 집도 없이 이곳저곳 떠도는 인생이 결코 존엄한 존재이기 어렵지요? 나치 치하의 수용소에 있는 유태인을 두고 존엄한 존재로 대우받고 있다고 여기지 않지요? 인간의 존엄성은 자유와 인권, 그리고 인간다운 생활이 보장될 때 비로소 이루어질 수 있는 것이죠.

1948년 제정된 세계인권선언은 인권을 이렇게 정의합니다.

"인류 사회의 모든 구성원의 타고난 존엄성과 평등하고도 양도할 수 없는 권리"라고요. 인권은 흔히 자유권과 참정권, 사회권으로 구분 지어 설명합니다. 자유권은 국가 권력으로부터 개인의 자유를 보장받는 권리를, 참정권은 국정에 직간접으로 참여할 권리를 말합니다.

우리 사회는 자유권과 참정권에 대해서는 일찍부터 당연한 권리로 받아들였어요. 하지만 사회권은 아직도 권리라는 인식이 얕습니다. 사회권이라니? 처음 듣는 이들도 많을 것입니다. 역시 세계인권선언에서 설명합니다. "모든 사람은 사회의 구성원으로서 사회보장을 받을 권리를 가진다." 바로 사회권 조항입니다.

사회권은 인간다운 생활을 위해 국가에 요구할 수 있는 권리

한국 사회는 극우 반공 체제를 오랫동안 겪은 역사를 가지고 있어요. 그 체제에서는 자유권조차 박탈되거나 억압됐으니 사회권은 제기할 엄두조차 못 내었지요. 경제성장을 가장 으뜸으로 생각하는 성장 지상주의가 오랫동안 우리 사회를 지배했습니다. 이런 생각이 지배하는 사회는 가난과 소외는 개인의 탓, 개인의 책임으로 보는 견해가 강하고 사회권은 그저 명목상 권리나 좋은 말 잔치 같은 것으로 여기게 됩니다.

하지만 사회권은 결코 말로만 하는 선언이나 구호가 아닙니다. 아니어야 합니다. 정부나 대통령이 내키는 대로 줄 수도 있고 안 쥐도 되는 시혜는 더더욱 아니며, 응당 국가는 최선을 다해 보장하도록 힘써야 하는 권리입니다.

왜냐고요? 오늘날 우리가 사는 현대사회는 생애 주기에 걸쳐 너무나 다양한 "사회적 위험"이 있습니다. 이들 위험은 대체로 개인의 책임이 아닌 데다, 개인이 홀로 대처할 수도 없어요. 많은 실업은 개인의 탓보다 국가의 정책, 산업 동향, 디지털화와 같은 기술혁신, 기후 위기에 대응하는 산업 및 에너지전환 등 개인이 통제할 수 없는 요인에서 비롯됩니다. 사회권을 국가가 보장해야 할 이유입니다. 국가는 사회권 보장으로 평등하고 정의로운 세상을 꾸려야 할 역할이 있기도 하고요. 행복 국가, 복지국가는 이런 사회권을 보편적으로 보장하는 나라들이에요. 이런 국가는 하루아침에 생긴 게 아니에요. 가난한 사람들을 구제하는 빈곤 대처에서 사회권 보장에 이르기까지 장구한 역사가 있어요. 복지를 이해하기 위해선 이 역사적 과정을 찬찬히 살펴볼 필요가 있습니다. 다음 장에서 그 내용을 함께 보도록 해요.

2장

복지의 탄생

7

가난하고 나이든 여자를 마녀로 몰았다고?

중세 시대 서양에서는 마녀재판이 있었지요. 마녀로 판결 받으면 끔찍한 화형에 처해졌답니다. 알고 보면 마녀는 마술 부리는 악녀가 아닌, 대체로 배가 고파 이웃에 밥을 구걸한 나이 든 여성이 많았어요. 당시에 이들은 왜 이렇게 잔인하고 가혹하게 죽어야 했을까요?

여러분, 마녀에 대해 얼마나 아세요? 어떤 이는 국내 영화나 드라마 〈마녀〉를 떠올릴지 모르겠어요. 여러분과 같은 10대 소녀지만, 초능력을 지녀 악당을 단숨에 물리치는 히로인 말이죠.

엄마, 아빠 세대가 기억하는 마녀의 모습은 좀 다릅니다. 역시 영화나 드라마, 소설 등에서 많이 등장했는데, 보통은 추한 얼굴을 지닌 노파의 모습을 띠고 있지요. 특히 매부리코와 주걱턱에 길고 뾰족한 손톱을 지닌 늙은 여성 말이죠. 여하간 마녀는 마법을 부리거나 뭔가 초능력 같은 주술을 지닌 사람을 가리키죠.

중세 시대의 마녀는 소설이나 영화에 등장하는 마녀와 달라요. 초능력도 없고, 마법도 부릴 줄 몰라요. 마녀란 낙인이 찍힌 평범한 사람들, 아니 극도로 가난한 사람들이었어요. 당시 마녀재판으로 희생된 대부분의 마녀는 집단 망상을 지닌 사람들이 만들어 낸 허상이죠. 그들은 오히려 사회가 보호해야 할 불쌍한 대상들이었죠.

한 연구를 보면, 유럽에서 마녀로 고발된 상당수 사람은 55~65세 사이 독신의 빈곤 여성이 대부분이었다고 합니다. 이들은 배고파 이웃에 먹을 것을 요청하다 거부당한 가난한 사람들이었지요. 여러분은 아마도 별로 겪어 보지 못했겠지만, 할아버지 할머니 세대만 해도 일상적으로 겪은 지독한 고통이 배고픔, 굶주림이었습니다.

이들은 어쩌다 마녀가 됐을까요? 연구 결과, 가난한 여성들의 구걸은 부잣집 사람들에게 죄의식을 심어 주었고, 이런 죄의식에서 벗어나기 위해 구걸하는 이들을 되레 마녀로 몰았다는 거예요. 마녀란 이름으로 박해를 받은 사람들이 많은 곳은 대체로 식량이 귀한 곤궁한 지역이었다는 것도 이런 사실을 뒷받침합니다. 이렇게 마녀로 낙인찍혀 죽임을 당하거나 억울한 옥살이를 한 이들의 수가 정확하지는 않지만, 학자에 따라 적게는 수십만 명 많게는 수백만 명에 이를 것으로 추정된다고 하니 참으로 가혹한 역사가 아닐 수 없습니다.

마녀재판은 가난을 다루는 가장 잔인한 방식

마녀재판은 오늘날 같은 국가의 사회복지가 출현하기 이전에 가난을 다루는 가장 극단적 방식이었다고 할 수 있어요. 가난을 혐오하다 못해 형벌을 주는 방식이죠. 오랫동안 이어졌고, 오늘날에도 나타납니다.

여러분, 부랑인이라는 말을 들어 본 적이 있나요? 요즘엔 잘 쓰지 않는 말이지만, 정해진 주거 없이 여기저기 떠도는 사람을 가리켜요. 영등포역이나 서울역에서 떠도는 노숙인들이 떠오르나요? 조선 시대에도 굶주려 이곳저곳 먹을 것을 찾아 떠도는 이들이 있었는데 이들을 유민이라고 불렀답니다.

우리보다 앞서 복지를 제도화한 영국 등 유럽 국가에서는 4~5백 년 전 이 부랑인에 대해 이동을 제한하거나 일을 하도록 강제하는 등 처벌이나 억제하는 방식으로 대했어요. 왜냐하면 부랑인을 비롯해 가난한 사람들을 게으름뱅이나 범죄자로 봤기 때문에 강력한 통제가 필요하다고 생각했어요. 스페인에서는 부랑을 하다 잡히면 초범인 사람들은 얼굴에 십자의 문신을 새기고, 재범일 경우에는 사형에 처할 정도로 무시무시했어요.

자본주의가 출현하면서 이들은 점차 도시로 유입되어 도시 빈민을 형성했는데, 이들을 사회적 위협으로 간주하며 나름의 대책이 등장하는데, 그중 대표적인 것이 1601년 영국의 빈민법이에요. 이 법에 따라, 당시 영국에선 노동을 통해 게으른 사람이 되지 않게 한다면서 작업장이란 시설을 만들어 빈민에게 강제로 일을 시켰답니다.

가난한 사람들을 대하는 방식은 이렇듯 한 사회가 당대에 가난을 어떻게 생각하고, 어떻게 대하는가에 따라 달랐어요. 오늘날처럼 가난을 한 사회와 국가가 책임지고 해결해야 할 사회문제로

보고 법과 제도를 통해 대처한 것은 적어도 근대로 진입하면서부

터였습니다. 좀 더 구체적으로 알아볼까요?

《올리버 트위스트》가 사회 고발 소설이라고?

가난은 인류의 역사에서 항상 존재했어요. 이런 가난을 개인의 문제가 아닌 사회와 국가가 해결해야 하는 문제로 인식한 것은 근대에 들어선 이후예요. 이런 인식의 변화는 어떻게 생겼을까요?

여러분 올리버 트위스트를 아세요? 찰스 디킨스란 유명한 영국 작가가 1837년부터 잡지에 연재한 같은 이름의 소설 속 주인공이죠. 고아 소년 올리버는 비참하게 자라다 우여곡절 끝에 부모의 유산을 되찾아 행복을 얻는답니다. 흥미로운 소설이 아닐 수 없지요. 찰스 디킨스는 이 소설로 25세에 일약 주목받는 작가가 됐습니다. 이 작품은 재미는 물론 당시 영국 빈민들의 비참한 실상을 적나라하게 보여 주고 있지요. 나아가 빈민을 구제한다는 법(빈민법)이 오히려 빈민을 억압하는 실상을 맹렬히 고발한 명작이기도 합니다.

이 소설은 복지의 관점에서 의미 있는 질문을 던져 줍니다. 바로 복지는 누구의 책임인가? 가난한 사람들을 위한 진정한 복지가 어떠해야 하는가 등의 질문입니다.

중세의 마녀사냥에서 보듯 인류 역사에서 가난한 사람들은 오랜 세월 억압과 통제의 대상이었어요. 근대 초기까지만 해도 대부분의 사람들은 빈민은 게으르고 불성실하며 무책임한 사람들로 생각했습니다. 이런 부도덕한 성품을 지닌 이들이기에 온정보다 억압과 교화의 대상으로 여겼습니다. 이런 생각을 담아 만든 법이 빈민법입니다.

10세 어린이마저 일해야 하는 빈민법

빈민법은 나라가 가난한 사람들을 책임진다는 차원에서 의미 있는 법이긴 해도 그 내용은 가혹했습니다. 빈민법 아래 나라의 보호를 받을 수 있는 빈민은 크게 세 가지 유형으로 나뉘었는데, 환자나 나이 든 구호 신청자는 빈민 구호소에서 수용 보호하고, 건강한 빈민은 근로원(작업장)에서 일을 시킵니다. 만약 당사자가 이런 조처를 거부하면 감옥 같은 교정원에 보내졌지요. 당시 통치자들이 생각하는 빈민 구제, 즉 구빈의 개념은 일하거나 일할 수 있는 사람은 국가의 지원이 필요하지 않다는 생각이었어요. 올리버가 갖은 핍박을 받으며 강제 노역을 하다 탈출한 곳도 근로원, 즉 강제 노역 작업장이지요. 소설가 찰스 디킨스는 빈민 구제라는 법과 제도 아래 만든 근로원이 현실에서는 오히려 구제와 거리가 먼, 비인간적이고 잔인한 곳임을 폭로하고 비판한 것이죠.

이 소설을 통해 우리는 "가난은 언제부터 국가나 사회, 공동체의 책임이라고 여겼을까"라는 궁금증이 자연스레 생깁니다. 더불어 "가난은 누구의 책임일까? 국가, 사회, 아니면 나와 가족 중

누가 가장 큰 책임이 있을까?"라는 질문도 떠오를 것입니다. 올리버 트위스트의 가난은 올리버나 올리버를 낳은 부모의 책임입니까? 아니면 당시 영국의 통치자나 사회와 국가의 책임인가요?

빈민법 이전에는 가난은 전적으로 개인의 탓이라고 생각했어요. 그러니 가난 구제의 책임도 개인에 있다는 생각이 지배적이었습니다. 가난의 원인이 도박이나 음주에 빠져서, 아니면 젊은 날 베짱이처럼 일하지 않아서라고 생각했기 때문이죠.

하지만 자본주의 도래 이후 나타난 대량 실업은 이런 생각에 의문을 품게 했어요. 가난한 원인이 게으름이 아니라 일자리가 없거나, 일자리가 있어도 임금이 너무 낮기 때문이란 사실이 몇몇 선각자의 사회조사를 통해 밝혀졌습니다. 이런 변화는 국가가 적극 나서서 빈곤을 퇴치해야 한다는 생각을 낳았고, 더 나아가 국가는 시민의 생존을 보장해야 하고, 시민은 국가에 대해 이를 보장받을 권리가 있다는 생각으로 발전했지요. 이런 생각은 오늘날 하나의 국제적 규범으로 여겨지고 있습니다.

우리 사회도 오랫동안 가난은 개인이나 가족의 책임이라는 생각이 지배적이었지만 최근 한국보건사회연구원의 국민생활실태조사를 보니, 가난을 개인의 노력 부족이라고 답한 비율은 열 중 셋 남짓이었습니다. 열에 여섯 명 가까이는 사회구조 탓이라고 말하며, 가난에 대한 책임이 개인만이 아닌 국가와 정부에도 있다고 답했습니다. 여러분은 어떻게 생각하세요?

'내셔널 미니멈'이란?

 어떤 문제든 사후에 해결하는 것보다 사전에 예방하는 게 더 효과적이죠. 빈곤도 마찬가지예요. 19세기 후반 영국에선 빈곤 예방을 위한 사상이 나타나는데, 영국은 물론 여러 나라의 복지국가 출현에 큰 영향을 끼쳤습니다. 내셔널 미니멈, 즉 국민생활최저선이에요. 무슨 말일까요?

지금까지 주로 영국을 비롯한 유럽 이야기를 많이 했지요. 이번에는 우리나라에서 있었던 사례를 갖고 풀어 볼까 해요. 1994년, 아마도 여러분이 태어나기 전의 일이지만 한국 복지 발달의 역사에선 아주 중요한 사건이 시작된 해입니다. 같은 해 만들어진 참여연대란 시민단체에서 "국민생활최저선 확보 운동"을 벌이겠다고 선언했던 것입니다. 참여연대는 "참여와 인권이 보장되는 민주사회 건설"을 목표로 창립된 시민단체예요. 이 단체가 복지는 국가의 책임이라는 생각에서 이 운동을 시작했는데, 중요한 대목은 국민의 삶의 질 향상과 인간다운 생활을 보장하기 위해선 "국민생활최저선"을 보장하라는 요구예요.

국민생활최저선, 당시로선 개념부터 매우 낯설었지요. 하지만 영국을 비롯해 유럽에서는 아주 오래된 개념이에요. 영국에서는 이미 20세기 중반에 유명한 〈베버리지 보고서〉에서 주창됐습니다. 이 말의 뿌리는 20세기 초 〈소수파 보고서〉란 문서에서 비어트리스 웹이란 여성이 제기한 "내셔널 미니멈"입니다.

흔히 영어 발음 그대로 내셔널 미니멈이라고 많이 불리며, 우리말로 옮겨 초기엔 국민생활최저선이라고 했다가 이후에는 국민생활기본선이라고 많이 부르고 있답니다. 무슨 뜻일까요? "사회적으로 공인하는 국민의 최저한도의 생활수준"을 말해요. "국가가 국민의 (인간다운 생활을 보장하기 위해) 최저 생활수준을 보장해야 한다"는 것이죠.

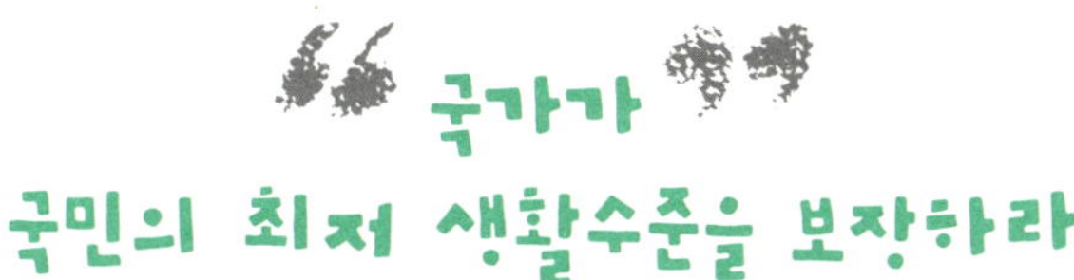

그러니까 참여연대가 제기한 국민생활최저선 확보 운동은 영국이 내셔널 미니멈, 즉 국민생활최저선은 국가가 보장해야 한다는 이념 아래 1940년대 후반 영국 국민이라면 누구나 누릴 수 있는 최저한의 삶의 수준을 국가가 보장하는 체제를 구축한 것과 마찬가지로, 대한민국도 대한민국 국민의 인간으로서의 존엄성 보장을 위해 정부가 국민생활최저선을 보장하라고 제기한 것이죠.

참여연대가 요구한 5가지 사항을 보면 그 취지를 잘 알 수 있답니다. 첫째 국민생활최저선은 정부가 책임져야 한다, 둘째 국민생활최저선은 법적인 권리로 인정되어야 한다. 셋째, 국민생활최저선은 모든 영역에 포함되어야 한다. 넷째, 국민생활최저선은 모든 국민에게 적용되어야 한다. 다섯째, 국민생활최저선의 보장은 국민의 민주적 참여를 통해 이루어져야 한다.

그렇다면 국민생활최저선은 구체적으로 무엇일까요? 국민생활최저선, 즉 최저한도의 생활수준이라는 게 사람마다 생각하는 게 다르지만 대체로 최저생계비라는 데는 동의를 해요. 말 그대로 "한 사회에서 최저 수준의 삶을 유지하기 위해 반드시 지출해야 하는 비용"을 가리켜요. 대개 가구 단위의 지출액으로 표시되고 기간은 보통 한 달이 기준이에요. 예컨대, 어떤 가구의 소득이 최저생계비보다 적다면 그 가구의 구성원들은 최저 수준의 삶을 유지할 수 없어요. 따라서 이 가구의 구성원들은 헌법에서 부여한 "인간다운 생활을 할 권리(헌법 제34조 제1항)"가 침해됐다고 풀이할 수 있지요.

정부는 해마다 가구 구성원에 따라 최저생계비를 발표합니다. 2025년의 경우 1인 가구는 76만 원, 2인 가구는 126만 원가량이에요. 일을 하든 안 하든 적어도 이 정도의 소득은 국가가 보장해야 하며, 또 국민 누구나 요구할 수 있는 권리라는 것입니다. "어떠한 사람도 일정한 최저 기준을 보장해야 한다"는 것을 국가의 책무로 여기도록 한 내셔널 미니멈은 복지국가의 초기 지도 이념이라고 할 수 있어요. 이 개념은 영국에서 처음 주창된 지 거의 100여 년 뒤 2000년, 마침내 우리 사회에서도 법에 담겨 국가가 보장하도록 되었어요. 국민기초생활보장법이 그것입니다. 이 법에는 국민의 기본적 생활보호를 국민의 권리이자 국가의 의무로 적시하고 있습니다.

가난도 괴로운데 복지충?

10

가난한 사람을 구제하는 것이 국가의 책임이라고 해도, 국가가 가난한 사람을 어버이처럼 돌보아 주라는 뜻과 가난한 사람이 복지를 요구할 권리가 있다는 뜻은 전혀 다릅니다. 복지는 국가가 시민들에게 베푸는 시혜라고 생각하는 이들이 여전히 많습니다. 여러분의 생각은 어때요?

산업혁명 이래 대량 빈곤이 사회문제로 등장하면서 가난 구제에 관한 각종 법과 조례 등이 영국을 비롯해 서구 각국에서 잇따라 출현했어요. 하지만 가난한 사람들에 대한 편견은 쉽게 바뀌지 않았습니다. 가난한 사람들은 게으르고 무책임한 사람들이라는 생각 말입니다. 이런 생각은 가난한 사람들에게 국가의 혜택을 많이 줄 필요가 있느냐는 생각으로 이어집니다. 이것은 자연스레 복지 혜택을 받는 사람들을 비하하는 생각으로도 이어집니다. 복지 혜택을 받는 사람들을 복지충으로 혐오하거나, 복지병 운운하며 복지를 축소하려는 움직임은 이와 무관하지 않습니다.

이런 생각은 사회 구성원인 개인은 근면, 자조, 성실 등을 바탕으로 자신의 삶을 스스로 책임져야 한다는 고전적 자유주의 철학과도 맞닿아 있어요. 이런 사상에서 복지는 자본주의사회에서 스스로 돈을 벌지 못하거나 경쟁에서 탈락하는 이들에 대한 자선이나 시혜인 것이죠. 하지만 복지는 가진 사람들이 그저 연민의 눈으로 베푸는 것이 아니라 국가가 제도적으로 시민의 안전과 안정을 위해 마땅히 보장해야 할 책임이며, 사회 구성원에게는 엄연한 권리입니다. "복지는 자선이란 생각"과 "복지는 권리라는 생각"은 확연히 다릅니다.

복지는 시민의 권리다

오늘날 적잖은 우리 사회 구성원들은 복지는 권리라고 말합니다. 복지가 시혜나 자선이 아닌 권리라는 생각은 복지에 대한 패러다임이 바뀐 것이라고 할 수 있어요. 복지가 권리라는 주장의 근거는 법 중에 최고의 법인 헌법에 있습니다. 헌법은 한 나라가 품고 있는 기본 가치를 담고 있습니다. 헌법은 국민의 권리와 의무는 물론 국회와 정부(대통령과 행정부), 법원, 헌법재판소 등 각종 국가기구의 권한과 역할을 명시하고 있습니다. 우리는 이 헌법 아래 짜여 있는 무수한 법률과 제도에 의해 사회 구성원으로서 각종 보호를 받으며 인간으로서 존엄과 가치를 훼손당하지 않고 자유와 권리를 누리며 살 수 있는 것입니다.

앞에서 살펴본 "모든 국민은 인간으로서 존엄과 가치를 가지며, 행복을 추구할 권리를 가진다. 국가는 개인이 가지는 불가침의 기본적 인권을 확인하고 이를 보장할 의무를 진다"는 헌법 제10조 조항이 "복지는 권리"라는 말의 주요한 법적 근거입니다.

여기서 강조하는 기본적 인권이란 뭘까요? 1948년 제정된 세계인권선언을 보면 인권이란 "인류 사회 모든 구성원의 타고난 존엄성과 평등하고도 양도할 수 없는 권리"라고 말합니다. 헌법 제34조는 좀 더 직접적으로 규정하고 있습니다. "모든 국민은 인간다운 생활을 할 권리를 가진다"는 것이죠. 이밖에도 헌법에는 국가가 사회보장 및 사회복지 증진의 의무를 다해야 하고, 여성, 노인, 아동의 복지 증진을 꾀하고, 생활 무능력자를 보호해야 한다고 적혀 있어요. 헌법 제31조 교육의 권리와 의무, 제32조 근로의 권리와 의무, 제33조 노동 3권(단결권, 단체교섭권, 단체행동권), 제35조 환경권, 주거권, 제36조 건강권, 양성평등이 그것입니다. 앞서 언급한 사회권 조항들이에요.

우리 헌법 조문은 우리가 겪는 각종 "사회적 위험"은 개인의 책임보다 사회적 책임이라는 생각에 바탕을 두고 있습니다. 그러하기에 복지는 자선이나 시혜가 아닌, 시민이 당당하게 요구할 수 있는 권리입니다. 국가, 즉 정부가 가난한 사람들은 물론 일반 시민의 최소한의 인간다운 삶을 보장해야 하며, 그것은 시민의 기본권, 인권이라는 것입니다.

이는 복지를 국가가 시민의 안전을 위해 마련해야 할 제도이자, 부의 재분배를 통해 적극적으로 달성해야 할 목표로 여기도록 합니다. 소득 보장, 의무교육, 공공 의료, 공공 주택, 완전고용 등의 정책 또는 제도를 통해 이런 복지를 최우선으로 보장해야 하며, 그런 국가를 우리는 복지국가라고 부르는 것입니다. 모든 사람은 안전하게 생활하고, 교육받고, 의료 혜택을 받을 권리가 있고, 경제적, 사회적 불평등을 줄이고 더 많은 사람이 공정한 기회를 누릴 수 있도록 하며, 시민들이 낸 세금으로 사회의 안전망을 구축하여 도움이 필요한 사람들에게 복지 서비스를 제공하는 것이 헌법 제34조가 말하는 "인간다운 생활을 할 권리"를 보장하는 국가의 의무이자 역할이며, 존재 이유인 것입니다.

국가가 이런 의무를 다하고 역할을 할 수 있기 위해서 시민도 가져야 할 의무이자 역할이 있지요. 세금을 성실히 납부해 나라 살림을 튼튼히 꾸리도록 하고, 국가의 손길이 구석구석 닿지 못할 때 서로 살피고 나누고 도와야 합니다.

3장

복지국가의 의미

11

베버리지가 복지국가의 아버지라고?

복지국가에 대한 비유로는 (사회) 안전망, 방패 또는 보호막, 댐, 희망의 사다리나 부자와 빈자를 잇는 다리와 같은 것이 있어요. 추운 겨울에 모든 사람을 따뜻하게 하는 난로와 같다는 뜻으로 겨울의 난로라는 표현을 쓰기도 합니다. 복지국가는 어떻게 만들어진 걸까요?

복지국가는 누가 어떤 상상력으로 만들어 냈을까요? 그리고 왜 이런 생각을 갖게 됐을까요? 이 과정은 나름의 긴 역사를 통해 이루어지는데, 학자들은 보통 1601년 영국의 빈민법까지 거슬러 올라갑니다. 이 법은 빈민에 대한 인도주의적 지원보다 법과 질서유지와 노동력 활용 차원에서 이전에 교회가 자선사업을 통해 돌본 빈민을 국가 차원에서 관심을 갖고 보호하는 것으로 옮겨간 전환점이기 때문에 그렇습니다. 그러나 복지국가 시대의 본격적인 개막은 그보다 훨씬 뒤인 19세기 말, 20세기 초에 태동합니다. 그 구체적인 형태는 독일의 비스마르크가 도입한 사회보험제도입니다. 이 제도는 기존의 빈민법과 달리 예방적 차원의 사회보호 체계이며, 보험 가입이 국가에 의해 강제되고, 자격 요건이 자동적이고 보편적으로 주어집니다. 초기에는 독일과 같은 권위주의 국가에서 시작됐고, 20세기 들어서는 영국 등 자유주의 국가에서도 전개됩니다.

현대적 형태의 복지국가는 20세기 초중반에 나타났습니다. 가장 대표적인 나라가 영국이에요. 2차 세계대전으로 인해 가장 어렵고 암울했던 1942년 12월 1일, 시민들에게 희망의 메시지를 주는 한 보고서가 출현하면서 영국은 본격적인 현대적 형태의 복지국가 시대를 여는 발걸음을 내딛습니다. 바로 〈베버리지 보고서〉입니다.

〈베버리지 보고서〉는 그 보고서를 주도한 사람인 윌리엄 베버리지(1879~1963)의 이름을 따 발간되었어요. 실제 명칭은 〈사회보험과 관련 서비스〉예요. 정부간행물로 나온 이 보고서는 베버리지를 비롯한 많은 이들의 예상과 달리 폭발적인 반향을 불러일으켰어요. 책을 출간한 정부간행물국 본부 건물 밖에서는 긴 줄이 늘어섰고, 삽시간에 6만 부가 팔린 데 이어, 한 달 만에 10만 부, 1944년 말까지 20만 부가 팔렸습니다.

이 보고서에 대해 당시 신문인 〈데일리미러〉는 "요람에서 무덤까지 플랜"이라며 크게 보도를 했고, 후일 이 제목은 복지국가를 상징하는 유명한 문구가 됐어요.

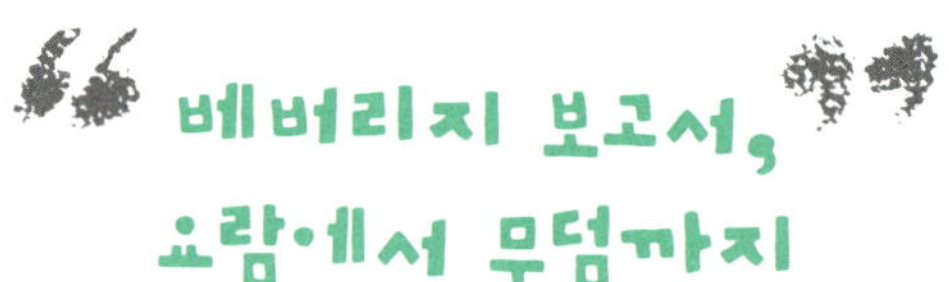

〈베버리지 보고서〉는 보편적이고 종합적인 사회보장 계획을 제시했어요. 그 핵심은 강제가입의 동일하게 내고 동일하게 받는 갹출제 형태의 사회보험이에요. 갹출제란 피보험자나 사용자에게 보험료를 일정 기간 거두어들였다가 내주는 걸 뜻해요. 베버리지는 이와 함께 극빈층을 위해선 국민 부조(공공 부조) 장치를 제안했고, 사회보험과 국민 부조, 이 두 제도로 영국 사회문제인 궁핍을 해결할 수 있다고 봤어요. 영국 국민이라면 "어느 누구도 최저 수준 아래로 떨어지지 않도록 최저한의 생활, 즉 국민(생활)최저선을 보장"하는 것이 목표였죠.

베버리지가 제안한 국민생활최저선을 위한 구체적인 제도는 〈베버리지 보고서〉가 발효된 지 3년 뒤인 1945년 총선에서 노동당이 단독 집권하고, 하나하나 법이 만들어지면서 현실이 됐습니다. 1945년 가족수당법, 1946년 국민보험-산업재해법, 1946년 국민보건서비스법, 1948년 국민부조법 그리고 1949년 주택법 등이 그것이에요. 〈베버리지 보고서〉에 담긴 구상은 영국 복지국가의 기초가 된 것은 물론 세계 여러 국가들의 사회보장제도 확립에도 큰 영향을 주었어요. 오늘날 베버리지가 영국에서 복지국가의 아버지로 불리는 이유입니다.

스웨덴에서도 1932년 총선에서 사회민주당 내각의 장기 집권 시대가 열리고, 이 내각의 페르 알빈 한손 총리가 이른바 "국민

(인민)의 집"을 주창하며 스웨덴형 복지국가 시대를 엽니다. 이후 영국과 스웨덴은 물론 많은 복지국가들이 전후 자본주의의 유례 없는 호황에 힘입어 적어도 1970년대 중반까지 성장 궤도를 보입니다. 복지는 이제 더는 극빈층과 노동자계급만을 위한 정책이 아니었으며, 중산층이나 자영업자 등으로 확장됐고, 여성, 소수자, 장애인 등으로 대상도 지속해서 확대됐습니다. 각 나라마다, 대륙마다 형태는 조금 달랐지만, 복지에 쓰는 돈도 많아져 주요 나라의 국내총생산(GDP) 대비 공공 지출이 1980년대 이르러서는 전후 대비 30%가량 증가했습니다. 바야흐로 복지국가의 황금시대라고 할 수 있었어요.

영국은 무상 의료인데 미국은 민간 의료라고?

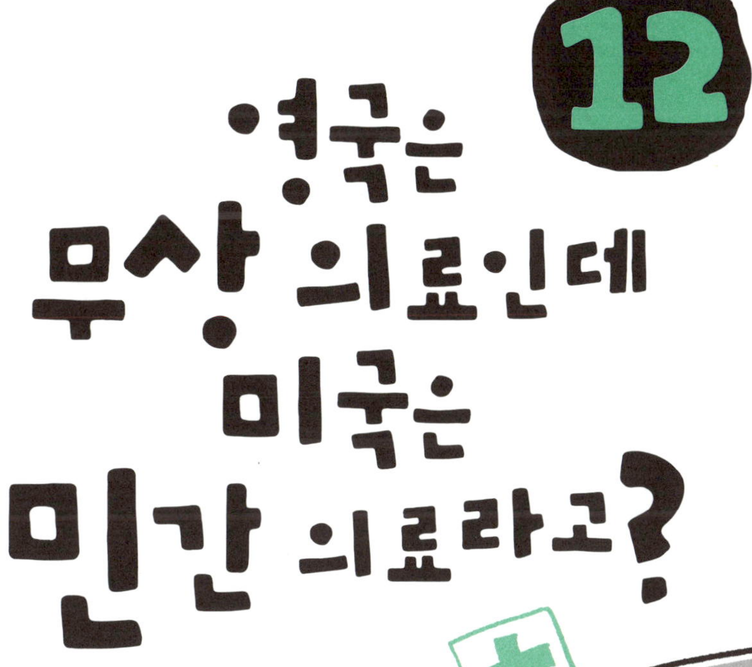

20세기는 흔히 복지국가의 시대라고 해요. 복지국가는 대공황과 세계대전을 겪으면서 서구 국가에서 빠르게 확산됐지요. 복지국가는 2차 세계대전 전후 자본주의 체제에서 하나의 경제사회 모델로 정립됐는데, 나라마다 차이가 있어요. 함께 알아볼까요?

19세기 말부터 독일에서 본격적으로 시작한 복지국가는 20세기 들어 영국, 스웨덴, 스위스 등에서 발전한 뒤, 1940년대 2차 세계대전 중에도 복지국가의 기틀은 지속됐어요. 1973년 석유파동이 있기까지 서구 자본주의 국가들은 경제성장의 황금기로 다양한 사회 서비스 프로그램이 도입되는 등 복지국가로의 발전을 더욱 공고화했습니다. 다만, 이런 복지국가는 나라마다 조건과 상황에 따라 편차를 보였는데, 학자들은 이를 특정 유형으로 묶어 구분했어요.

가장 유명한 구분이 덴마크의 사회학자 에스핑-안데르센의 분류예요. 언론에서도 심심찮게 나오는 이 분류는 이렇습니다.

첫 번째는 자유주의적 복지국가입니다. 시장 중심의 복지를 특징으로 합니다. 즉 정부가 적극적으로 복지를 제공하기보다는 개인이 시장에서 스스로 해결하도록 유도하는 방식이죠. 따라서 민간 보험이나 사적 복지 서비스가 발달되어 있어요. 예컨대 실업자에게는 실업수당을 주는 대신 직업을 빨리 찾도록 장려하며, 복지 혜택을 주기 위해서는 소득과 재산이 얼마인지를 조사해서 일정 기준

| 에스핑-안데르센의 복지국가 유형 |

자유주의적 복지국가 (앵글로-색슨형)	보수주의적-조합주의적 복지국가 (유럽 대륙형)	사회민주주의적 복지국가 (노르딕형)
· 시장 중심의 복지 · 민간 보험이나 사적 복지 　서비스 발달	· 가족 중심과 직업 기반의 복지 · 직장 연금이나 건강보험 등 　사회보험료 기반	· 보편적 복지 · 복지를 통한 소득재분배와 　사회 통합 추구
미국, 영국, 캐나다	독일, 프랑스, 이탈리아	스웨덴, 노르웨이, 덴마크, 핀란드

이하만 국가가 현금이나 서비스를 지급하는 식입니다. 대표적인 나라는 미국, 영국, 캐나다로 앵글로-색슨형이라고도 불려요.

두 번째는 보수주의적-조합주의적 복지국가입니다. 개인이 아니라 가족과 직장이 복지를 책임지는 가족 중심과 직업 기반의 복지 체제죠. 세금이 아니라 직장에서 납부하는 연금이나 건강보험 등 사회보험료를 통해 복지를 운영합니다. 공무원이나 대기업은 좋은 복지를 받지만, 비정규직이나 실업자는 불리합니다. 대표적인 나라는 독일, 프랑스, 이탈리아로 유럽 대륙형으로도 불립니다.

세 번째는 사회민주주의적 복지국가예요. 모든 시민에게 높은 수준의 복지를 제공하는 보편적 복지를 지향해요. 복지를 통해 소득재분배와 사회 통합을 이루고자 해요. 대표적인 나라는 스웨덴, 노르웨이, 덴마크, 핀란드로 노르딕형이라고 부릅니다.

이렇게 세 그룹으로 분류했지만, 같은 그룹에 속해도 차이가 있어요. 미국과 영국은 자유주의적 복지국가로 같은 그룹이지만,

의료 체계가 확연히 달라요. 영국은 무상 의료를 하고, 미국은 민간 의료보험이 일반적입니다.

에스핑-안데르센 외에도 몇몇 학자들이 복지국가를 분류하는 시도를 했습니다. 대표적인 구분이 잔여적 복지국가와 제도적 복지국가로 나누는 것이에요. 잔여적 복지국가에서, 잔여란 말은 뭔가를 하고 남아 있다는 뜻이에요. 복지를 가족이나 시장이 먼저 해결하고 난 뒤, 이들이 더는 역할을 할 수 없을 때에 한해서 정부가 개입하자는 취지예요. 이런 국가에서 복지 서비스는 필요에 따라 주어지는 게 아니라 자격 여부에 따라 제공되는 특징을 보여요. 잔여적 복지국가의 대표적인 나라는 미국입니다. 미국은 시장과 개인, 가족의 책임을 우선시하며, 국가의 복지 개입은 최소화합니다. 예를 들어, 저소득층을 위한 식품 지원(SNAP)과 저소득층을 위한 의료 지원인 메디케이드(Medicaid) 등이 대표적입니다. 중산층 이상은 주로 민간 보험과 시장을 통해 복지 서비스를 이용합니다.

반면 제도적 복지국가는 복지가 하나의 권리로 주어지며, 사회보장이 보편적이고 넓게 시행됩니다. 국가가 복지를 위해 적극적인 역할을 하는 것이죠. 제도적 복지국가는 스웨덴이 대표적이죠. 예컨대 스웨덴에서는 무상 의료, 무상교육, 아동 수당, 실업급여, 연금 등 다양한 복지 서비스가 소득 수준과 상관없이 제공됩니다. 높은 세금과 재분배 정책을 통해 복지 재원을 마련합니다.

복지국가라도 다 같지 않다는 것을 아시겠죠? 복지국가인지 아닌지가 아니라 어떤 복지 체제인지, 어떤 복지국가인지가 더 중요해요. 자유롭고, 평등하며, 높은 삶의 질을 누리며, 누구나 적어도 인권으로서 복지를 누리는 공동체, 그런 국가가 우리가 진정 원하는 복지국가일 것입니다. 다시 말해 잔여적 복지국가가 아닌 제도적 복지국가가 우리가 진정 원하는 복지국가입니다.

경제는 세계 1등인데 행복 순위는 23등?

여러분, 세계 행복의 날을 아세요? 대부분 "그런 날이 있나요?" 하며 의아해할 것입니다. 국제연합(UN)이 지난 2012년 총회에서 정한 날이에요. 사람이 사는 궁극적 목적은 행복에 있다는 뜻이 담겨 있는데, 온 나라가 다 같이 행복을 위해 노력해야 한다는 취지랍니다.

행복은 무엇이 결정할까요? 행복은 개인적 노력으로만 얻을 수 없어요. 아무리 돈을 많이 벌고 가족과 친구가 있어도, 자신의 나라가 전쟁 중이라면 행복할 수 있을까요? 기후 위기로 인한 산불과 홍수가 빈번해 인류의 멸종이나 재앙을 초래할 수 있는 실존적 위험이 높아진다면 어떤가요? 경제가 불안하고, 감염병이 창궐한 상황에서는 어떤가요?

우리의 행복에는 내면의 평화 같은 정신적 감정이나 건강, 가족이나 친구 사이의 강한 유대, 삶의 목표 등 개인적 요인이 중요하지만, 개인이 통제할 수 없는 사회경제적 나아가 환경적 요인도 큰 영향을 끼쳐요. 기술의 발전으로 더 편리하게 살 수 있어도 기후변화로 인해 후손이 살아갈 지구촌의 미래가 암울하다면 마냥 행복감을 느끼기는 어렵겠지요.

유엔지속가능발전해법네트워크(SDSN)는 해마다 세계 행복의 날에 〈세계 행복 보고서〉를 발표해요. 기대 수명, 1인당 국내총생산, 선택의 자유 등 여러 데이터를 종합 분석해 점수를 매겨 순위를 발표합니다. 2024년 기준으로 1위가 어느 나라일까요? 핀란드입니다. 2위는 덴마크, 3위는 아이슬란드, 4위가 스웨덴이에요. 이어 이스라엘, 네덜란드, 노르웨이, 룩셈부르크, 스위스의 순입니다.

순위가 뜻밖인가요? 왜 세계에서 가장 경제적으로 부유하고 힘센 나라로 알고 있는 미국이 1위가 아닐까요? 미국은 기껏 23위를 기록했어요. 영국도 20위에 머물렀고요. 경제 대국 일본은 51위에 그쳤어요. 그렇다면 우리나라는 어느 위치에 있을까요? 2023년보다는 나아졌지만 일본 바로 뒤인 52위입니다.

이 순서를 보면 뭔가 이상하게 느껴지지 않나요? 맞아요. 행복은 성적 순이 아니듯이, 행복한 나라도 경제 규모나 실적 순이 아니란 사실이에요. 한 나라의 경제 규모를 알 수 있는 지표는 국내총생산이에요. 경제학 교과서에선 일정 기간 한 나라 내에서 생산된 재화와 서비스의 시장가치의 합계라고 정의합니다. 여기서 일정 기간이란 통상 1년을 말하며, 국내총생산은 1년 동안 그 나라 국민이 생산한 경제 규모를 말하는 것으로 이해하면 됩니다.

2024년 나라별 국내총생산 순위를 볼까요? 1위는 역시 미국입니다. 2위는 중국, 3위가 독일입니다. 일본이 4위로 밀렸네요. 5위가 인도, 6위가 영국입니다. 대한민국은 14위예요.

경제 순위는 행복 순위와 완전히 다르다는 걸 눈치챘나요? 행복 순위 1위 핀란드는 국내총생산 순위로는 45위입니다. 행복 2위 덴마크는 38위입니다. 행복 4위 스웨덴은 경제가 24위입니다. 그렇습니다. 행복은 한 나라의 생산량, 즉 경제 규모와 일치하지 않으며, 나라의 크기나 인구수와도 비례하지 않는다는 걸 알 수 있어요.

그렇다면 핀란드, 덴마크, 스웨덴 등의 나라는 어떻게 해마다 행복한 나라 순위에서 앞자리를 차지하는 걸까요? 과연 그 비결은 뭘까요? 분명한 건 행복한 시민이 많은 국가는 좋은 복지국가라는 점입니다.

14

스웨덴이 복지천국이 된 비결은?

행복 국가란 어떤 나라일까요? 좋은 복지국가 시민의 삶은 과연 어떤 모습일까요? 복지 선진국인 스웨덴에 유학을 가서 직접 그 시대를 겪은 교수님들의 이야기를 통해 간접적으로나마 복지국가가 어떤 나라인가를 한번 체험해 볼까요?

제가 여기서 소개해 드릴 내용은 복지 선진국인 스웨덴에 유학을 간 뒤로 그곳에서 오랫동안 살았던 변광수 한국외국어대 스칸디나비어학과 명예교수의 체험담입니다. 변 교수는 유학 기간을 포함해 14년 동안 스웨덴에서 생활했습니다.

스웨덴의 복지국가 황금기인 1968년 1월의 일입니다. 그는 유학 1년 만에 독일에서 유학 중인 친구의 동생과 결혼해 아기를 낳았는데 이때부터 보편적 복지국가의 무상 복지를 경험했다고 해요. 출산 직후, 모자보호센터라는 곳에서 태아와 임신부의 건강 상태를 정기적으로 관리해 주었고, 칼슘 부족을 보완하도록 철분 약까지 지급해 주었다고 합니다. 그리고 2주 뒤 역시 무상으로 간호사가 집을 찾아와 아이의 발육 상태를 점검했다고 합니다. 출산 2주일쯤에는 우편으로 당시로는 거액인 100만 원을 출산 준비금으로 받았고, 이 돈은 침대, 유모차, 아기 옷, 장난감 등 당장 있어야 할 물건을 다 사고도 남을 액수였다고 하네요. 편도행 비행기 표 하나만 사서 떠난 무일푼의 유학생에겐 큰 혜택이었고, 그래서 지상낙원처럼 느껴졌답니다. 더욱이 자신과 같은 외국 국적의 유학생에게도 복지 혜택이 내국인과 똑같이 적용된다는 사실에 놀랐다고 해요.

스웨덴의 보편적 복지는 여기서 그치지 않았는데, 이후 다달이 자녀 수당이 지급됐고, 식구가 늘었다고 방세 지원비도 매달 들어왔답니다. 둘이 같이 살 때는 지원이 없다가 아이가 생기니 지원이 이렇게 쏟아졌다고 하네요. 생후 6개월이 되자 아이를 어린이집에 보내야 했는데, 아이 돌봄은 기초자치단체가 의무적으로 운영해야 하는 기초 사업으로 아침 6시부터 저녁 6시까지 문을 열어 맡길 수 있는데, 이때의 비용도 소득 수준에 따라 달랐고, 변 교수 부부의 경우에는 우윳값 정도밖에 되지 않았다고 합니다. 아이가 아프면 부모 수당을 받고 12일 동안 쉴 수 있었고, 6세 이하의 아동이 아플 때에는 단축 근무도 가능했답니다.

스웨덴은 "요람에서 무덤까지"라는 표현처럼 국민의 생애 전반에 걸쳐 보편적이고 포괄적인 복지 제도를 운영합니다. 16세까지 모든 아동에게 아동 수당을 지급하고, 16세 이후에는 아동에게 직접 학비 보조금을 지급합니다. 학업 수당, 교육 보조비 등을 청소년과 대학생에게 지원하는 한편, 성인이 되면 국민건강보험, 실업보험, 산재보험 등 사회보험이 전반적으로 적용됩니다. 물론 부모 모두에게 유급 육아 휴직(총 480일, 각자 240일, 급여의 약 77.6% 보전)이 가능하고, 주택 보조금도 있습니다. 노년기에는 65세부터 연금 수급이 가능(조기 퇴직은 61세부터)하고, 노인을 위한 다양한 보건 및 복지시설이 있습니다.

　신광영 중앙대 사회학과 명예교수는 연구자로 비교적 근년에 스웨덴을 여러 번 다녀온 분이에요. 그는 스웨덴에서 가장 인상적인 모습이 유모차를 끄는 30~40대의 남자들이었다고 말합니다. 우리나라에선 10여 년 전만 해도 남자 혼자서 유모차를 끌고 아기를 돌보는 모습을 보기 쉽지 않았는데, 스웨덴 거리에선 남자들이 혼자서 유모차를 끌고 아기를 돌보는 모습을 흔하게 볼 수 있었다네요. 복지국가 스웨덴의 상징적 일상인데, 아기를 낳으면 56주의 출산휴가를 보낼 수 있고, 이를 남녀가 나눠 쓸 수가 있습니다. 남자는 반드시 이 중 8주는 의무적으로 사용해야 한다고 해요. 이런 복지 정책이 스웨덴을 유럽에서 비교적 높은 출산율을 자랑하는 나라로 만든 비결일 것입니다.

　스웨덴은 일본처럼 세계 최장수 국가 중 하나예요. 노인이 전체에서 5명 중 1명 이상을 차지합니다. 전체 인구 중 80세 이상이 가장 많은 나라이기도 해요. 스웨덴의 수도 스톡홀름에서는 길거리 카페에서 커피를 마시는 할머니, 젊은 사람들과 나란히 슈퍼마켓 계산대 앞에서 줄을 서서 기다리는 80대 할아버지를 쉽게 볼 수 있는데, 특히 시립도서관은 늘 노인들로 북적입니다.

우리나라는 어떨까요? 오늘날 우리나라에서도 스웨덴 같은 노인들의 모습을 볼 수 있습니다. 하지만 스웨덴에서는 볼 수 없는 대한민국 노인만의 모습이 있습니다. 폐지 줍는 노인들입니다.

사실 두 나라 노인의 삶에는 많은 차이가 있습니다. 스웨덴 노인들이 자신의 삶을 당당히 꾸려 갈 수 있는 요인은 무엇보다 든든하고 촘촘한 복지 제도라고 할 수 있습니다. 언제든 아플 때 가서 치료받을 수 있는 의료 복지, 누구나 늙으면 받는 튼실한 노령연금이 있습니다. 이런 복지에 대해선 좌파나 우파나 어떤 정당이 집권하든 크게 바뀌지 않는 최소한의 합의가 있습니다. 저도 10여 년 전 여러 차례 스웨덴을 방문한 적이 있습니다. 장기요양 시설과 어린이집 등 스웨덴 복지 현장을 직접 찾아보며, 보편적 복지를 보고 체감했습니다.

우리가 기억해야 할 것은 이런 복지국가는 저절로 이루어지지 않았다는 사실입니다. 오랜 세월 동안 친복지 정당이 정책을 통해 만들어 낸 성취의 결과이자, 시민과 기업인 등 각 분야의 스웨덴 구성원들이 함께 쌓아 이룩한 역사적 산물이란 점입니다.

15

'모든'아는 '모두의'아?

복지국가 스웨덴을 엿볼 수 있는 현장이 있습니다. 아스트리드 린드그렌 월드입니다. 린드그렌은 여러분의 부모 세대에겐 익숙한 어린이 문학작품 〈말괄량이 삐삐〉를 쓴 작가예요. 그녀의 이름을 딴 이 공원이 어떻길래 스웨덴의 복지를 볼 수 있다는 걸까요?

10여 년 전, 저는 두 해에 걸쳐 연거푸 스웨덴을 다녀왔습니다. 복지국가 스웨덴을 직접 체감하고 현장을 살펴보기 위해서입니다. 그 무렵만 해도 복지국가는 정치권과 언론 등지에서 뜨거운 화두였습니다. 꽤 많은 사람과 함께 스웨덴 복지 현장 탐사에 나섰는데, 대학교수, 연구자, 정치인, 일반 시민 등이 두루 섞인 "복지국가 탐사단"을 조직해 스웨덴과 덴마크 등지를 찾았습니다. 당시의 여정에서 스웨덴 복지를 낳은 사상을 잘 보여 주는 방문지를 소개해 드립니다. 그곳의 이름은 아스트리드 린드그렌 월드입니다.

아스트리드 린드그렌 월드는 일종의 테마파크랍니다. 스웨덴의 유명 동화 작가인 아스트리드 린드그렌의 고향에 그녀의 이름을 따 지은 놀이공원이에요. 유럽의 어린이 방문객들이 특히 즐겨 찾는 관광지이기도 합니다. 스웨덴의 수도 스톡홀름에서 차를 타고 남쪽으로 달려 3시간 30분 정도 걸리는 작은 도시, 빔메르뷔에 위치해 있어요.

1981년에 세워졌다는 이 놀이공원에는 해마다 약 45만 명의 관광객이 찾는데, 그중 30%가 해외 관광객이라고 합니다. 제가 찾은 지난 2012년 당시에도 유럽 각지에서 온 아이들과 가족들로 시끌벅적했어요. 어린이 방문객들이 특히 즐겨 찾는 곳은 바로 린드그렌의 동화의 주인공, 삐삐가 펼치는 야외 노천극장이죠. 마침 삐삐 공연이 한창이었습니다. 객석에는 유럽 각지에서 온 아이들과, 어린 시절 삐삐를 읽거나 보면서 꿈을 키웠던 그 아이들의 부모들로 가득 차 있었습니다.

양 갈래로 땋은 빨간 머리, 주근깨 얼굴, 긴 양말에 커다란 구두, 두 팔로 제 몸보다 큰 말을 번쩍 들어 올리던 억센 힘. 삐삐는 동화 속, 티브이 속의 모습 그대로였습니다. 홀로 지내지만 늘 명랑하고, 씩씩하고, 때로는 오만하기까지 한 삐삐가 객석 앞으로 다가와 아이들의 손을 잡자, 탄성이 곳곳에서 터져 나왔습니다.

그런데 이 공원이 왜 복지국가 스웨덴의 복지 사상을 엿볼 수 있는 공간일까요? 공원을 찬찬히 둘러보면 자연스레 스웨덴이란 나라가 얼마나 아이들을 아끼고 사랑하고 돌보고자 하는지, 이 나라 복지의 뿌리가 무엇인지 체감하게 됩니다.

우선 공원의 모든 시설과 무대가 철저하게 "아이들" 눈높이에 맞게 "우선적으로" 설계되고 조성되어 있어요. 화장실의 세면기와 소변기는 모두 9세 삐삐 또래 아이의 키 높이에 맞춰져 있어요.

이 공원엔 보통의 놀이공원과 달리 없는 게 많아요. 아이들의 상상을 방해하는 어떤 현대적인 전자 기기나 장치들도 없어요. 롤

러코스터, 바이킹 등 전기를 이용한 놀이 시설이 없고, 컴퓨터 게임기는 물론 게임장 자체도 없습니다. 피자나 햄버거 등 아이들이 좋아하는 가공식품 또한 없고요. 어떤 화려한 상점도 간판도 없습니다. 음료를 먹을 수 있는 자동판매기가 있긴 하지만 어느 회사 제품인지를 알 수 없도록 되어 있어요. 왜냐하면 자판기를 나무판으로 덧씌워 제품 광고나 상표를 볼 수 없도록 했기 때문입니다.

이 놀이공원에서 허용하는 것은 오로지 동화 속의 세계뿐입니다. "아이들이 행복해야 어른도 행복하다"는 아이 우선의 정신과, 사익보다 공익을 우선시하는 경영 방침에 따른 것이라고 해요.

아이들이 행복해야 어른도 행복하다

린드그렌 월드의 이런 방침은 스웨덴 아동복지의 사상과 맥이 닿아 있어요. 1972년 올로프 팔메 총리는 당시 사민당 여성 대회에서 "각 코뮌(기초지방정부)은 부모가 직장이나 학업 혹은 타당한 이유에 의해 자녀의 돌봄을 맡겨야 할 경우 이를 도와줄 의무가 있다"는 내용의 연설을 했습니다. 이 연설 이후 스웨덴에서는 보육 서비스가 대폭 확충됐습니다. 이에 따라 "모든 아이는 모두의 아이"란 이념이 사회적으로 정립됐어요. 이런 기조는 1979년 아동학대금지법의 시행으로 이어졌어요. 이 법에서는 〈유엔아동

권리협약〉에 따라 "모든 아동은 안정적이고 좋은 환경에서 보호를 받아야 한다"는 아동보호권이 담겼습니다. 1991년부터는 "아동 옴부즈만제도"가 이 나라에 도입됐는데, 아동 옴부즈만은 스웨덴 아동의 권리와 이익을 보호하고 모든 분야에 걸쳐 〈유엔아동권리협약〉을 준수하도록 그 권한과 책임을 지닌 이를 말합니다. 정부에 의해 임명된 옴부즈만은 6년 동안 〈유엔아동권리협약〉 내용이 지켜지는지를 감시하고 아이들을 보호한다고 해요.

이런 스웨덴 아동복지는 모든 시민에게 동일한 권리와 혜택을 제공하는 스웨덴의 보편주의 복지 사상과 깊게 연관되어 있습니다. 무상 의료, 아동 수당, 공공 교육은 이런 사상에 기반해 만들어진 스웨덴의 복지 제도입니다.

한국은 어떤 복지국가일까?

16

우리나라는
복지에
얼마나 쓸까?

이제 눈을 우리로 돌려 볼까요? 여러분, 한국은 복지국가인가요, 아닌가요? 중대한 질문입니다. 어떤 이는 이제는 복지국가라고 할 만하다고 말합니다. 하지만, 다른 이는 아직은 어림없다고 말합니다. 누구 말이 맞을까요?

복지국가를 정의하는 합의된 하나의 기준은 없습니다. 데이터에 기반해 따진다면 "한 나라가 복지에 얼마나 돈을 쓰는가"가 하나의 잣대가 될 수 있습니다. 국내총생산에서 차지하는 복지 지출이 그것이지요. 어떤 학자는 국내총생산에서 5%를 넘으면 복지국가라고 정의합니다. 이 기준으로 보면 1998년 이후 우리나라도 복지국가에 진입했다고 말할 수 있습니다.

당시 우리나라는 건강보험(1977년), 국민연금(1988년)은 물론 산업재해보상보험(1964년)과 고용보험(1995년) 제도를 갖추고 있었습니다. 2008년에는 여기에 더해 노인장기요양보험까지 시행했습니다. 이렇게 5대 보험 제도를 갖춘 나라는 그리 많지 않아요.

현재 시점에서는 이런 사회보험 외에도 아이들을 위한 보육 제도, 극빈층을 위한 국민기초생활보장제도, 장애인 및 노인 등 사회적 취약자를 위한 각종 사회 서비스 등 복지 선진국에서 하는 웬만한 큰 제도는 두루 시행하고 있어요. 없는 건 상병수당(노동자가 업무 외의 질병이나 부상으로 인해 일을 하지 못하는 기간 동안 소득 상실을 보전해 주는 제도) 정도입니다. 하지만 이것도 시범 사업 중이에요. 빠른 경제성장만큼이나 복지도 빠르게 압축 성장했지요.

그럼에도 불구하고 우리나라를 복지국가라고 말하기 어렵다는 사람들은 있습니다. 이들은 왜 그런 주장을 할까요? 형식적으로는 복지 제도를 갖추고 있지만, 급여 수준이 낮아 사회적 안전망으로서 역할이 부족하다는 생각에서죠.

복지 규모가 작고 수준이 낮은 '작은 복지국가' 한국

우리나라가 복지국가이긴 하지만, "작은 복지국가"라고 하는 학자도 있습니다. 왜 작은 복지국가일까요? 복지국가로서 모양새를 갖췄지만, 복지 혜택의 범위나 규모가 선진 복지국가에 비해 상대적으로 작은 나라라는 걸 뜻해요. 연세대 양재진 교수가 이 주장을 폅니다. 그는 복지 규모가 작고 발전 수준이 낮다는 뜻으로 씁니다. 예컨대 빈곤에 빠진 노인이나 가난한 사람들에 대한 지원금이 아주 적고, 노인이나 장애인 등을 위한 각종 사회복지 서비스 수준도 아주 낮지요. 한마디로 복지 제도는 있지만, 쓰는 돈이 적다는 거예요.

복지국가 발전 이론에 따르면 보통 경제 수준이 높으면 복지도 발달한다고 되어 있습니다. 한국의 경제 규모는 세계 10위권대로 선진국 수준이지만, 국내총생산 대비 공공사회 복지지출 비

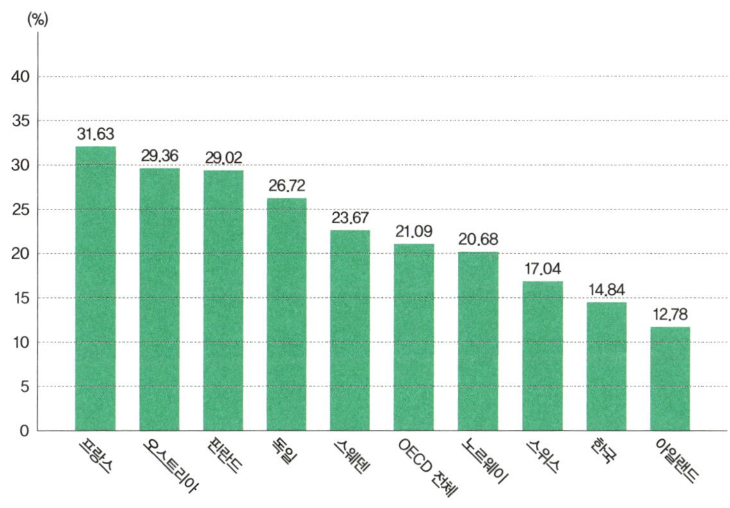

율은 경제협력개발기구(OECD) 소속 국가, 즉 선진국의 평균(2024년 추정치 21.1%)에 크게 미치지 못한 약 15.5%(2024년 추계치)입니다. 이렇듯 우리의 복지 지출이 낮은 까닭은 우리나라 경제가 수출 중심으로 이루어진 때문이라고도 하고, 노조의 힘이 약하기 때문이라고도 합니다. 세금과 사회보험료 부담을 더 늘리지 못한 까닭도 있고요.

윤홍식 인하대 교수는 우리나라가 불평등한 복지국가라고 규정해요. 어려운 전문용어로 역진적 선별주의 복지국가라고도 말합니다. 말이 어렵나요? 알아보면 쉽습니다. 선별주의 복지는 복지 제도의 설계 및 운영에서 소득과 자산 조사를 통해 복지 수

혜자를 특정 소득 수준 이하의 계층으로 제한하는 방식이에요. 이는 보편주의 복지와 대비되며, 재정 효율성을 높이려는 목표로 설계됩니다. 역진적이란 뜻은 소득 수준이 낮을수록 더 많은 부담을 지게 되는 구조란 뜻이기에 매우 불평등하다는 이야기입니다. 도움이 가장 필요한 사람에게 혜택이 덜 돌아가는 역설적 상황이죠. 윤 교수는 그래서 우리나라 복지의 특성을 "정규직을 위한 복지"라고 말합니다. 자세한 설명은 4장 〈정규직만을 위한 복지라고?〉(97쪽)에서 좀 더 다루어 볼게요.

복지 한국은 어떻게 만들어졌나?

인간이 만든 모든 제도와 사상은 역사적 산물입니다. 하루아침에 하늘에서 뚝 떨어진 게 아니란 이야기예요. 영국은 영국의 과정이 있었고, 스웨덴은 스웨덴의 과정이 있었듯이 우리나라도 우리나라의 복지 발전 과정이 있었답니다. 알아볼까요?

외국의 복지 역사에 대한 책은 많은데, 정작 우리나라 복지 역사를 한눈에 쉽게 조망할 수 있는 연구나 저서는 드물어요. 그런대로 학술 논문이나 책은 더러 있지만, 일반 대중이 쉽게 이해할 수 있는 책은 더더욱 찾아보기 어려워요. 우리나라 복지 제도를 이해하려면 그 역사적 과정을 이해하는 게 필수적인데도 말이죠. 우리의 복지가 어떤 길을 걸어왔는지를 제대로 알아야 우리가 앞으로 그 길 위에 어떤 길로 나아갈 수 있는지, 그렇게 하기 위해선 무엇이 필요한지도 알 수 있지 않겠어요? 이런 역사를 통해 이해하는 접근은 복지를 비롯한 모든 분야에서도 다르지 않다고 생각해요. 역사 이해가 중요한 이유죠. 그런 면에서 아쉬운 대목이 아닐 수가 없지만, 그래도 몇몇 학자들이 애를 쓴 연구 결과를 토대로 개요는 살펴볼 수 있답니다.

한국에서 복지라는 개념은 실은 1960년 우리나라에서 처음으로 근대적인 사회보험제도 중 하나인 공무원연금을 도입하기 이전에는 사실상 없었다고 할 수 있어요. 사회보장이란 개념은 이때를 기점으로 우리 사회에서 논의가 이루어졌다고 할 수 있지요.

그렇다면 그 전에 복지가 아예 없었는가? 그건 아니에요. 다만, 복지라고 말하기에는 너무 미미한 데다, 근대적 복지 제도의 모양새를 갖추고 있지 못했답니다.

그래도 한국 복지 제도의 뿌리를 찾는다면, 1945년 해방 이전으로 거슬러 올라갈 수 있습니다. 비록 근대적인 복지 제도의 틀과 다르지만, 국가나 공동체가 가난하고 어려움에 처한 이들을 돕는다는 점에서 조선 시대의 환곡이나 향약을 들 수 있겠지요.

일제강점기인 1944년에는 조선 구호령이란 빈민 구제를 위한 법령이 만들어졌어요. 생계를 유지할 능력이 없는 사람들에게 국가가 구호를 통해 생계를 보장하는 형태로 노령자, 병자, 장애인, 고아 등이 그 대상이었어요. 이 제도는 근대적 복지 제도의 형태를 갖추고 있었지만, 조선인에게 혜택을 주기보다는 일본이 식민 통치를 정당화하기 위한 수단으로 활용한 측면이 큽니다.

해방 이후부터 1960년까지 한국은 분단과 전쟁이란 유례없는 비극을 겪으며 수많은 피난민과 전쟁 피해자, 그리고 전쟁고아를 낳았습니다. 이 시기는 이승만 독재 정권의 시기와 대부분 겹

환곡 가뭄과 홍수 등 자연재해로 인해 어려움에 처한 가구에 봄에 곡식을 빌려주고, 가을에 곡식을 추수하면 빌려줬던 곡식에 이자를 10분의 1로 붙여 돌려받는 제도이다.

향약 향촌규약의 준말로, 조선 시대에 권선징악과 상부상조를 목적으로 만든 향촌의 자치 규약이다. 재난을 당했을 때 마을 사람들끼리 서로 도우며 살아가자는 약속이다.

치는데, 당시 정부는 전쟁 피해를 입은 사람들에게 최소한의 생존권조차 보장해 주지 못했어요. 그 역할을 담당한 것은 국제기구와 선교 단체 등 민간이었어요. 재원의 대부분은 미국의 원조에 의한 것이어서, 이 시기를 두고 원조 복지 시기 혹은 응급 구호 시기라고 부릅니다.

서구와 같은 근대적 복지 제도의 시작은 1960년 1월 공무원 연금법 시행, 1961년 12월 생활보호법 제정 등 1960년대 초부터입니다. 하지만 이들 제도는 일부 특수 계층이나 극빈층에 아주 제한적으로 시행된 것이었습니다. 군사 쿠데타로 집권한 박정희 정권이 정치적 정당성을 얻기 위한 목적으로 도입됐어요.

1960년대부터 우리나라의 급속한 산업화가 이루어진 1990년대까지의 시기에 복지의 역할을 한 것은 경제성장과 그에 따른 일자리였다고 할 수 있어요. 성장과 일자리는 많은 이들을 절대 빈곤에서 벗어나도록 했습니다. 이후 복지 제도의 틀이 서서히 구축됐는데, 1977년 현재의 건강보험의 시초인 의료보험이 도입됐고, 1988년에는 국민연금제도가 시행됐습니다. 1995년에는 고용보험이 도입되면서 한국 복지 제도는 사회보험 중심으로 틀이 짜여졌어요.

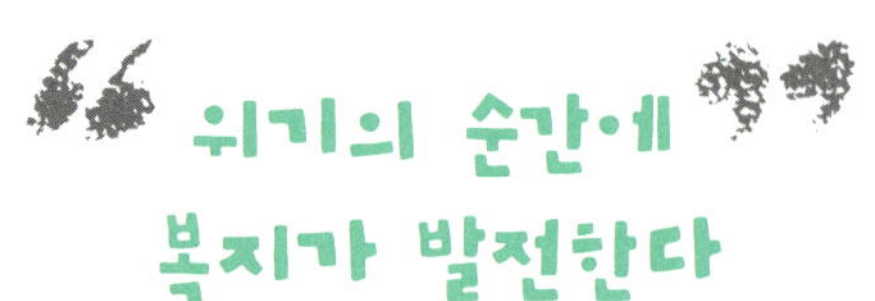

복지 발전은 때로는 역설적으로 위기의 순간에 도약합니다. 우리의 복지 발전이 그랬습니다. 1997년 우리나라는 외환 위기라는 걸 겪었어요. 외환 위기란 한 나라가 무역 과정에서 필요한 국제통화, 즉 달러로 모아 둔 돈(외환 보유고)이 바닥이 나서 환율이 폭등하고 외국에 돈을 갚지 못하게 되는 위기 상황을 뜻해요. 외국 자본이 유출되고, 대외 부채가 증가하고 금융기관이 부실하며 경제가 크게 침체하는 경제 위기로 나타나요. 이런 위기를 벗어나기 위해 우리나라는 국제통화기금(IMF)에 돈을 빌렸고, 대신 이 기구가 요구하는 대로 구조 조정과 사회 개혁을 할 수밖에 없었어요. 국제통화기금의 요구에 따라 부실한 금융기관의 문을 닫도록 하는 등의 구조 조정으로 수많은 실업자가 발생했으며, 국제통화기금은 동시에 이들 실업자를 위한 사회 안전망을 강화할 것을 요구했습니다.

당시 김대중 정부는 이런 요구를 기회로 삼아 '생산적 복지'를 주창하며 적극적으로 복지를 확대했습니다. 시민권에 기반해 복지를 제공하는 극빈층을 위한 국민기초생활보장제도가 이때 도입됐고, 어느 곳에 살든 동일한 보험료를 내고 의료 서비스를 받도록 한 의료보험 통합과 의사나 약사의 영역을 구분한 의약분업이 이루어졌으며, 고용보험이 확대됐어요.

김대중 정부가 물꼬를 틔운 복지 정책은 노무현 정부에서도 이어져 국가 차원에서 최초로 복지국가 비전을 모색한 〈비전

2030〉이란 보고서가 마련되었어요. 하지만 정권 재창출에 실패하면서 실행하지는 못했어요. 보수 정권인 이명박 정부와 박근혜 정부에서도 복지 발전이란 큰 흐름은 지속되었어요. 진보 정권인 문재인 정부에서는 아동 수당을 도입하는 등 일부 진전은 있었지만 사회보험과 정규직 중심의 한국 복지 제도의 큰 틀에서는 의미 있는 변화를 만들지 못했어요. 다시 보수 정권으로 바뀐 윤석열 정부에서는 약자 복지란 구호를 내걸었지만, 재정 건전성과 감세 정책을 앞세우면서 사실상 복지 후퇴를 가져오는 등 여러 논란을 자초했습니다.

18

정규직만을 위한 복지라고?

엄마, 아빠는 여러분이 좋은 대학을 가기를 바랍니다. 좋은 대학을 가면 높은 연봉에 안정된 직장, 즉 대기업이나 공공기관 등의 좋은 일자리를 얻을 수 있다는 생각 때문이죠. 이런 일자리는 복지 혜택도 좋아요. 취업 준비생들도 이런 현실을 알아 N수를 해서라도 정규직으로 가려 하지요.

복지는 흔히 가난한 사람들을 위해 만들어진 것이라고 생각합니다. 역사를 보면 반드시 그런 것만은 아닙니다. 대한민국의 복지국가 발달의 역사를 보면, 애초 산업재해보상보험(산재보험)이나 건강보험제도, 국민연금, 고용보험 등 이름하여 4대 사회보험제도는 이른바 괜찮은 일자리에 있는 사람들부터 시작했습니다. 그것은 대한민국 복지 제도, 복지국가의 발전이 사회보험제도에 기반해서 발전해 왔고, 이 사회보험제도는 일반 국민의 세금에서 재원이 마련되는 게 아닌, 직장의 고용주와 노동자가 각각 내는 보험료를 기초로 운영되기에, 보험료, 즉 돈을 낼 만한 여력이 있는 사람들로부터 시작됐습니다.

이런 특성으로 인해 대한민국 복지 제도는 일자리를 갖고 있는 이를 중심으로, 그것도 큰 사업장의 정규직을 중심으로 시작해 점차 확대돼 온 것입니다. 한국이 이런 발전을 취한 배경을 두고 학자들은 권위주의적 발전 국가가 정치적 정당성을 확보하기 위해서, 혹은 경제성장에 필요한 자금 마련을 위해서 사회복지 프로그램을 채택하고 개발했기 때문이라고 설명합니다. 말이 좀 어렵나요? 차근차근 풀이해 볼게요.

한국에서 복지 제도가 도입된 것은 박정희 정부 초기 시절이에요. 그런데 박정희 정부는 5.16 군사 쿠데타로 정권을 장악했잖아요. 민주주의 국가라면 대통령은 국민의 투표를 통한 선거로 뽑아야 정당성이 있는데, 총칼로 권력을 잡았으니 정당성이 없거나 아주 약했지요. 국민의 지지를 얻기 위해선 당근이 필요했는데 그게 복지였어요.

또 당시는 다들 배고픈 시절이었어요. 모두들 부자 나라, 부자 국민이 되고 싶었죠. 그것을 위해선 경제성장이 중요했고, 자금 마련을 위해 복지 제도를 이용했어요. 그래서 한국의 복지 발전은 복지 선진국인 유럽 국가들의 복지 발전 과정과는 경로가 다를 수밖에 없었어요.

비정규직도 서러운데 복지도 제외돼

문제는 비교적 안정적인 미래가 보장되어 있는 좋은 직장에 다니는 사람들과 정규직이 되지 못한 사람들 간에 복지 혜택에 큰 격차가 있다는 거예요. 코로나 팬데믹 때 우리는 이런 현실을 직접 확인했지요. 팬데믹으로 경제가 휘청거리면서 수많은 회사들이 문을 닫고, 적잖은 이들이 일자리를 잃었어요. 대부분 비정규

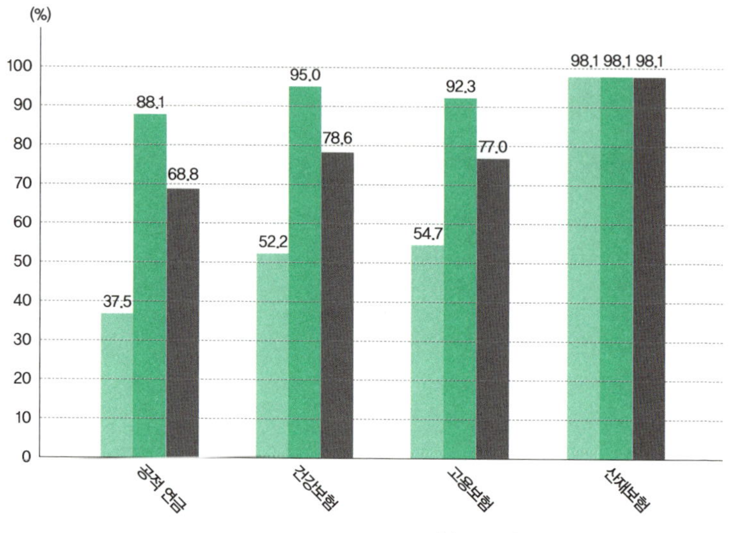

직 노동자나 영세 자영업자들이었고, 이들은 곧바로 급격한 소득 감소를 겪고 가정 살림이 위태로운 지경에 빠졌습니다. 하지만 당시 한국의 복지 제도는 이들의 삶을 지탱해 주는 튼튼한 뒷배가 되어 주질 못했어요.

직장을 잃었을 때 소득을 보전해 주는 제도가 고용보험이에요. 자발적으로 직장을 그만두지 않고, 회사에서 구조 조정 등으로 해고되면 구직 급여(2025년 기준 대략 하루에 최대 6만 6천 원)를 제공합니다. 실직했을 때 큰 도움이 되죠. 최장 9개월까지 지급합니다. 그런데 전체 취업자의 23%가량은 고용보험 대상에서 아예 제외되어 있습니다. 정규직은 거의 92%가량이 고용보험에 가입되어 있지만, 비정규직은 55% 정도만 가입되어 있어요. 비정규직 노동자는 정규직에 비해 실직 가능성이 거의 9배나 높은데도 말이에요.

어디 이뿐인가요? 노후의 소득 보장을 위한 대표적인 복지 제도인 국민연금의 경우도 비슷해요. 정규직은 열에 아홉이 국민연금에 가입되어 있지만 비정규직은 38%대 수준이에요. 정규직은 99% 이상이 퇴직금도 받지만, 비정규직은 36% 수준에 그칩니다. 같은 일을 해도 임금이 차이가 나고, 정규직에는 있는 상여금, 시간외수당, 유급휴가, 명절 선물, 식대 등이 비정규직에는 없기 십상입니다. 일상적인 차별 대우는 임금뿐만 아니라 기업에서 이루어지는 다양한 복지에서도 예외가 아니에요.

복지는 상대적으로 취약한 이들을 위해 마련된 제도이나, 현실에서 복지 혜택은 비교적 안정되고 높은 소득을 받는 정규직을 더 잘 보호하고 있는 상황인 것이죠. 이런 현실 때문에 몇몇 학자는 한국 복지 제도를 두고 "역진적 선별주의" 제도라고 부릅니다. 선별주의는 소득이나 자산을 기준으로 보통 약자를 선별해 복지 제도를 운용할 때 쓰는데, 실상은 상위 계층에게 더 많은 혜택을 주기에 역진적 선별주의라고 말하는 것이죠.

이런 현실을 알기에 청년들이 몇 수를 하더라도 대기업에 들어가려고 애를 쓰는 것이죠. 대기업이나 공공기관 소속 사람들은 상대적으로 다른 일자리에 비해 임금도 높고, 복지도 더 좋아요. 이런 일자리는 1년에 7만여 개 정도만 만들어진답니다. 1990년대 생을 기준으로 대략 동일한 연령대 인구의 10% 정도만 들어갈 수 있는 좁은 일자리죠.

청년들은 중소기업보다는 대기업에 들어가려고 몇 년을 취준생으로 버팁니다. 현실에서 큰 격차가 있으니 이들을 비난만 할 수 없어요. 이런 현실과 복지 제도를 계속 방치해서는 안 되겠죠? 누구나 공동체 구성원이라면 인간다운 생활을 할 권리가 있다는 헌법 정신에도 맞지 않고, 복지가 불평등을 줄이기는커녕 악화하도록 해선 안 되니까요.

19

보편 복지가 좋을까? 선별 복지가 좋을까?

언론에서 가끔 "보편 복지가 좋다, 아니다, 선별 복지가 좋다"며 전문가들이 다투는 모습이 나옵니다. 도대체 보편 복지와 선별 복지는 어떻게 다를까요? 둘 중 꼭 하나만을 선택해야 할까요? 하나는 나쁘고, 다른 하나는 좋은가요?

복지란 말도 어려운데, 보편 복지와 선별 복지가 있고, 이 둘 사이에 어떤 걸 선택할 것인가를 두고 논쟁이 있다고 하니 머리가 더 복잡해지려 하지요. 하지만 꼭 알아야 하는 개념이에요. 최대한 여러분이 이해하기 쉽도록 살펴보겠습니다.

우선 개념부터 알아보죠. 보편 복지는 모든 국민에게 소득이나 재산, 신분 등에 관계없이 똑같은 기준으로 복지 혜택을 주자는 이야기입니다. 반면 선별 복지는 소득과 재산의 일정 기준을 세우고 그 이하에 해당하는 이들에게만 복지 혜택을 주자는 것이죠. 보편 복지는 누구에게나, 선별 복지는 말 그대로 기준에 따라 선별된 대상자에게만 복지 혜택을 주자는 것입니다.

실제 사례를 들어 말하면 훨씬 이해하기 쉽겠지요. 현실에서 100% 완전한 보편 복지를 시행하기는 어렵습니다. 솔직히 나이와 성별, 소득과 재산 등에 상관없이 "모든 사람에게 조건 없이" 혜택을 주는 복지는 이론적으로만 존재하죠. 이 개념에 가장 부합하는 것은 전 국민 기본 소득이라고 할 것입니다. 하지만, 기본 소득을 나라 차원에서 전 국민에게 시행하고 있는 곳은 없습니다.

현실에서 보편 복지는 "소득과 자산 조사 없이 나이나 고용 기간 등의 선별 기준에 기초해 급여 자격을 부여하는 것"으로 정의됩니다. 즉 보편 복지는 나이, 아동 유무 등의 인구학적 기준을 통해 대상을 선별하지만, 자산이나 소득 기준과 같은 경제적 기준으로 대상을 선별하지 않는 복지 제도나 프로그램이라고 할 것입니다.

보편 복지의 사례로는 무상교육을 들 수 있어요. 스웨덴이나 핀란드, 독일 등 유럽의 복지국가는 유치원부터 대학까지 모든 학제에서 교육비를 국가가 부담합니다. 모든 국민에게 똑같은 교육의 기회를 주겠다는 취지에서죠. 스웨덴이나 영국의 무상 의료 서비스도 이런 보편 복지의 대표적 사례예요. 아프면 누구나 병원에서 무상으로 치료를 받을 수 있어요.

우리나라엔 어떤 사례가 있을까요? 국민건강보험이 있습니다. 모든 국민이 의무적으로 가입해 소득 수준에 따라 보험료를 내지만, 동일한 의료 서비스를 받을 수 있어요. 또 하나의 사례로 아동 수당이 있지요. 일정 나이에 이르는 모든 아이들에게 부모의 소득이나 재산이 많고 적은 것과 상관없이 지급합니다. 우리나라도 2018년부터 아동 수당을 도입했지요. 현재는 대상이 만 8세 미만입니다. 스웨덴과 영국 등은 만 16세, 핀란드는 만 17세, 프랑스는 만 20세, 벨기에는 만 21세 미만까지 아동 수당을 지급하니 아직 갈 길이 멀지요.

대상자라면 누구나 지급하는 이런 보편 복지는 복지 수혜자를 비난하는 이른바 복지충이란 식의 사회적 낙인이 없고 한 사회의 연대감을 높여 주는 장점이 있지만, 대상자가 많으니 돈이 많이 들겠지요. 높은 재정 부담이 바로 보편 복지의 단점이라고 할 수 있습니다.

선별 복지의 사례는 영국의 장애 수당, 미국의 푸드스탬프 등을 들 수 있어요. 영국의 장애 수당은 장애 정도에 따라 금액과 범위가 달라지며, 특정 장애를 가진 개인에게만 지원됩니다. 미국의 푸드스탬프는 저소득 가구를 대상으로 식비를 지원하는 프로그램입니다. 신청자가 소득 기준을 충족해야만 혜택을 받을 수 있습니다. 소득과 자산 조사에 기반해 복지 혜택이 이루어지는 각국의 사례는 일일이 열거할 수 없을 정도로 많습니다.

우리나라는 어떤 사례를 들 수 있을까요? 대표적인 제도를 들자면 국민기초생활보장제도입니다. 이 제도는 소득과 재산이 일정 기준 이하인 저소득층을 대상으로 생계비, 주거비, 교육비 등을 지원해요.

선별 복지는 재원의 부담이 보편 복지 제도에 비해 상대적으로 적게 들어요. 그래서 재원을 효율적으로 사용한다는 장점이 있지만, 반대로 선정 과정에서 받아야 할 사람이 못 받거나, 받을 수 있는데도 사람들에게 복지 대상자란 시선을 받을까 봐, 즉 사회적 낙인이 두려워 신청을 하지 않는 등의 단점도 있어요. 또 선별을 위한 행정 비용 부담도 단점입니다. 경우에 따라 보편적으로 모두에게 제공하는 것보다 대상자를 골라내는 비용이 더 들 수 있겠죠.

이렇게 보니 두 제도는 각기 나름의 장단점이 있네요. 현실에서는 어느 하나만을 채택할 수 없겠지요. 문제는 빈곤 등의 사회문제를 풀 때 사회보장이나 복지 혜택을 보편적 방식으로 할 것인가, 선별적 방식으로 할 것인가를 놓고 선택해야 할 때입니다. 논쟁과 대립은 불가피하거나 때로는 필요합니다. 왜냐하면 그 선택은 당대의 지배적 가치에 따라 달라질 수 있고, 또 한 사회가 쓸 수 있는 자원은 무한하지 않으니까요. 관건은 이런 논쟁과 대립을 통해 적절한 방안을 도출하느냐입니다.

보편 복지와 선별 복지의 장점을 결합한 선별적 보편주의

즉 국민기초생활보장제도 같은 제도는 선별 복지가 더 적합할 것이고, 의료 서비스의 경우는 보편 복지가 더 적합하다는 식입니다. 제도와 프로그램의 특성에 따라 더 적합한 방식이 있기에 절대적으로 어느 하나가 더 좋다라고 할 수 없다는 것입니다. 또 현실에서 형식상으로는 보편적이라고 해도 흠결이 크다면 보편 복지를 마냥 좋다고만 할 수 없겠지요.

복지국가 발전이란 큰 틀에서 보면, 보편 복지와 선별 복지는 복지의 두 축이라고 할 수 있습니다. 두 복지는 이론상 상호 대립

적이기도 하지만 현실 적용에서는 상호 보완적으로 볼 수 있습니다. 각각의 가치와 효용성이 있지요. 보편 복지와 선별 복지의 장점을 적절히 결합하는 방식, 선별적 보편주의가 잘 설계된다면 바람직하겠습니다. 선별적 보편주의는 모두를 위한 복지라고 하는 보편주의 원칙 아래, 정책 집행의 효율성을 높이기 위해, 특히 더 필요한 사람에게 더 많이 지원하는 선별 요소를 결합한 복지 방식입니다.

5장

우리나라의 복지 제도 1

20

우리나라 복지의 세 축은?

모든 제도는 법에 근거해 실행됩니다. 대한민국 사회보장 체계 전반을 규율하는 법은 사회보장기본법입니다. 사회보장의 방향과 원칙을 정립한 것으로, 다양한 개별 사회보장법들의 상위 법률이에요. 이 법에 담긴 대한민국 복지와 사회보장제도의 원칙과 방향은 무엇일까요?

기본법이란 이름의 법률이 있습니다. 대체로 특정 분야의 법률적 원칙과 방향을 담아, 관련 개별 법률의 근간이 되는 법을 말해요. 사회보장기본법 역시 대한민국 사회보장의 큰 뼈대를 밝히고 있어요. 대한민국 사회보장의 목적, 적용 대상, 구성은 물론 이를 위한 국가와 지방자치단체의 역할, 그리고 사회보장을 위해 필요한 돈을 어떻게 조달할 것인가에 이르기까지 많은 것을 설명해 놓았어요. 이 법은 1995년 제정됐고, 이듬해부터 시행됐답니다.

사회보장기본법에 따르면 대한민국 사회보장, 즉 복지는 크게 세 축입니다. 사회보험과 공공 부조, 그리고 사회 서비스로 구성되어 있습니다.

사회보험은 건강보험, 국민연금, 고용보험, 산재보험을 가리키죠. 대한민국은 여기에 하나 더 추가해 치매 노인 등에 대한 돌봄 서비스를 제공하는 노인장기요양보험도 갖추고 있어요. 이른바 5대 사회보험을 구축하고 있습니다. 사회보험은 가입자가 보험료를 내고 필요할 때 현금이나 서비스를 받는 방식이죠.

이런 방식의 특징은 개인이 살아가면서 겪는 위험을 집단화하는 것이에요. 쉽게 말해 다 함께 보험에 가입해 각각 보험료를 내고 이를 재원으로 해서 질병이나 해고 등의 위험을 겪는 경우 보상을 받는 것이죠. 위험을 분산시켜 서로의 부담을 줄이고, 필요할 때 혜택을 받습니다. 또 다른 특징은 위험의 이전 기능이에요. 가입자는 보험료를 냄으로써 위험을 제도 운영 주체에 이전하는 것이죠. 자동차보험을 생각하면 쉬워요. 자동자보험 가입자는 자동차 사고에 대비해 보험료를 내고 사고에 따른 인적 물적 위험을 보험사에게 이전하는 것이죠.

한국 복지의 3축 사회보험, 공공 부조, 사회 서비스

그런데 보험료를 열심히 냈는데, 보험회사가 망하면 어떡하죠? 그럴 땐 큰일이지요. 그래서 사회보험은 민간 보험과 달리, 보험자가 보험회사가 아닌 국가입니다. 국가가 제도 운영에 대한 최종 책임을 지는 공적 보험입니다. 위험을 국가에 이전하는 것인데, 다만 이를 실무적으로 운영하기 위해 국민연금은 국민연금공단에, 국민건강보험과 노인장기요양보험은 국민건강보험공단에, 고용보험과 산재보험은 근로복지공단에 각각 위탁해 운영합니다.

공공 부조는 사회보험과 함께 사회보장제도의 두 번째 핵심 축입니다. 국가가 사회적 위험으로부터 국민을 보호하기 위해 마런한 제도라는 점에서는 국민연금과 다르지 않습니다. 다만, 공공부조는 주로 취약 계층에 대해 세금을 재원으로 하여 사회적 안전망을 제공하는 점에서 사회보험과 차이가 있어요. 따라서 별도로 가입을 할 필요가 없고 대신 해당되는 국민이 국가에 신청합니다. 이에 따라 국가는 요건에 맞으면 현금이나 서비스를 지원합니다. 국민기초생활보장제도가 여기에 속합니다. 특징은 정부가 엄격하게 소득과 재산 등의 기준을 정해 대상자를 정해요. 이 제도를 위해 필요한 돈은 세금으로 충당한답니다.

공공 부조 중에 의료급여제도라는 게 있습니다. 이는 생활 유지 능력이 없거나 생활이 어려운 저소득 국민의 의료 문제를 국가가 보장하는 제도입니다. 국민건강보험과 함께 국민 의료보장의 주요 수단으로, 국민기초생활보장 수급자 등 소득이 낮아 스스로 의료비를 감당하기 어려운 사람들을 대상으로 합니다. 진찰, 검사, 치료, 입원 등 의료 서비스를 제공하며, 1종(기초생활수급자, 근로무능력가구 등)과 2종(차상위계층 등)으로 나뉘어 본인 부담금 등 지원 수준이 다릅니다. 재원은 주로 국고와 지방비로 마련되며, 수급자는 대부분 무료 또는 저렴한 비용으로 의료 서비스를 이용할 수 있습니다.

복지의 세 번째 축은 사회 서비스입니다. 국민의 삶의 질 향상을 위해 국가 또는 민간이 제공하는 복지 서비스로 보건, 복지, 교육, 문화 등 대상자와 분야가 다양합니다. 초고령사회를 맞이하는 오늘날 그 중요성이 더욱더 커져서 앞으로 가장 눈여겨봐야 할 복지 제도라고 할 수 있습니다.

사회보장기본법에는 사회 서비스의 개념에 대해 이렇게 설명하고 있답니다. "국가, 지방자치단체 및 민간 부문의 도움이 필요한 모든 국민에게 복지, 보건 의료, 교육, 고용, 주거, 문화, 환경 등의 분야에서 인간다운 생활을 보장하고 상담, 재활, 돌봄, 정보 제공, 시설 이용, 역량 개발 및 사회참여 지원 등을 통해 국민의 삶의 질을 향상시키는 제도"라고요.

사회 서비스는 현금 지원보다 돌봄, 재활, 교육, 상담 등 현물을 지원합니다. 국가와 민간이 협력해 서비스를 제공하는 경우가 많습니다. 아마도 우리에게 익숙한 사회 서비스는 노인, 장애인, 아동 등 돌봄이 필요한 취약자에게 각종 돌봄 및 생활 서비스를 제공하는 프로그램일 거예요. 취업을 지원하거나 직업훈련을 제공하는 서비스, 주거나 교육, 의료 등을 지원하는 서비스 등도 여기에 속해요.

정리해 보면, 사회보험은 보험금과 서비스를, 공공 부조는 현금이나 현물을 지원하고, 사회 서비스는 서비스를 제공합니다. 사회보험은 가입자가 낸 보험료를 기반으로 하고, 공공 부조는 국민의 세금을 재원으로 합니다. 사회 서비스는 주로 세금과 개인 부담금을 공동 재원으로 해 운영된다는 점에서 차이가 있습니다. 사회보험은 국가가 위탁한 공공기관이 운영하지만, 공공 부조와 사

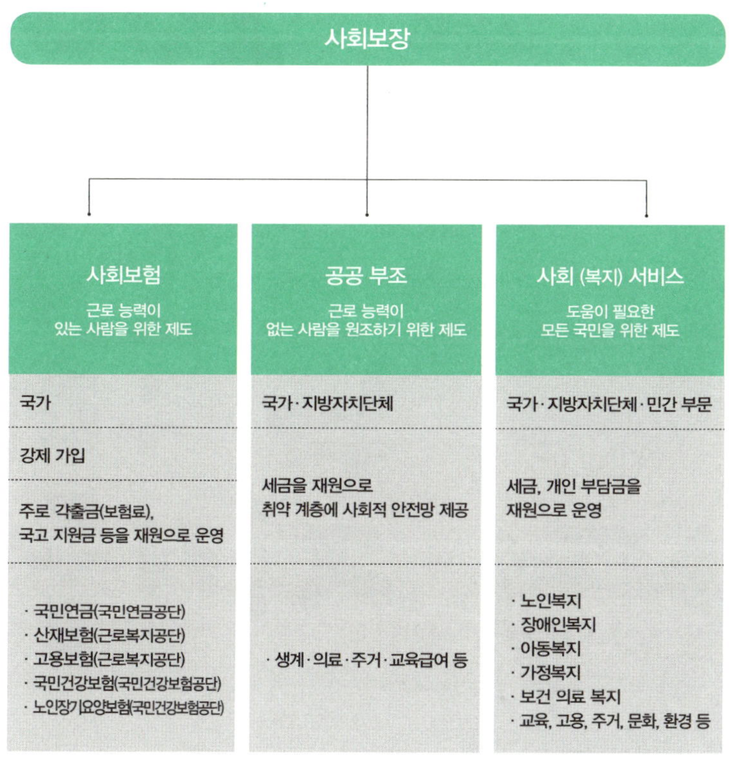

회 서비스는 대체로 지방자치단체에서 책임지고 관리 운영해요. 시청이나 군청, 구청, 읍면동사무소에서 지역 주민들과 직접 맞닥뜨리면서 서비스를 하지요.

21

100세 시대, 노후엔 누가 우리를 지켜 줄까?

2023년 기준 우리나라 기대 수명은 약 83세입니다. 같은 해 태어난 아기가 살 수 있는 기간이 83년이란 이야기죠. 2050년께는 이 수명이 100세에 이르는 이른바 호모 헌드레드(homo hundred) 시대가 열릴 것이라는 예측이 나옵니다. 오래 사는 건 축복일까요? 재앙일까요?

여러분이 65세 노인이 됐을 무렵엔 100세까지 사는 이들이 적잖을 것입니다. 그런데 오래 살아도 침대에 누워서만 산다면, 그런 삶을 좋은 삶이라고 할 수 있겠어요? 오래 살아도 건강하게 살아야 진정 사는 것이 아닐까요?

건강 수명이란 말을 들어 봤나요? 건강 수명은 질병이나 장애 없이 건강하게 살 수 있는 기간을 말해요. 2023년 기준 한국인의 평균 건강 수명은 73.1세예요. 여성은 75.4세, 남성은 70.8세입니다. 선진국 중 상위권에 속하는 성적표입니다.

그런데 기대 수명은 평균 83년인데 건강 수명은 73세이니, 한국인은 적어도 10년간은 각종 질병으로 힘들거나 고통받으며 산다는 이야기입니다. 많은 노인은 10여 년의 세월을 고혈압, 당뇨병, 심혈관 질환 등 만성질환에 치매, 관절염, 골다공증 등을 앓으며 힘들게 살아가고 있다는 것이죠. 그나마 이런 시기를 견딜 수 있는 것은 좋은 치료와 적절한 돌봄 덕분일 것입니다. 그런데 이런 의료 서비스와 돌봄을 받지 못한다면, 오래 사는 것은 당사자는 물론 가족과 사회에도 축복이 아니라 재앙입니다. 오래 사는 것도 좋지만, 더 중요한 것은 얼마나 더 건강하게 살 수 있느냐예요.

한국은 2025년 이미 초고령사회에 들어섰어요. 전체 인구 중 65세 이상 인구가 20%를 넘는 사회가 됐다는 이야기예요. 초고령사회 진입은 우리 사회에 새로운 숙제를 던집니다. 우선 생산 가능 인구가 줄어듭니다. 생산 가능 인구는 15~64세 인구로서 일할 연령대의 인구를 말합니다. 노동시장에 참여해 경제성장과 사회 발전을 이끄는 핵심 계층이지요. 이 인구가 2017년부터 줄기 시작했고, 2040년에는 비중이 50% 이하로 줄 것으로 예상됩니다.

일할 사람이 준다는 것은 그만큼 돈을 빌어 쓸 사람도 줄어든다는 뜻이기도 해요. 경제 문법으로 풀이하자면 내수 시장이 축소되거나 붕괴되고, 노인 부양 부담이 커진다는 것이며, 장기적으로는 경제성장의 동력을 잃는다는 뜻이죠. 고령화란 이렇듯 단순히 늙은 사람이 많다는 것을 넘어 사회경제적으로 많은 영향을 줍니다.

현재 돈을 벌고 있는 세대가 은퇴한 앞 세대를 돕는 국민연금의 원리

늙는다는 것은 누구나 피할 수 없습니다. 하지만 우리는 노령에 일어날 일들을 미리 대비할 수 있습니다. 그래야 개인은 물론 사회나 국가가 지속 가능할 수 있지요. 노후를 대비해 고안된 제도 가운데 가장 중요한 복지 제도가 국민연금입니다. 늙어 더는 일하기 힘들어 소득이 줄거나 없을 때를 대비해 소득을 보장해 주는 노후소득보장제도죠. 일찍이 독일에서 시작됐지만, 세계 대부분의 나라가 갖추고 있어요. 국가가 개인의 노후를 위해 운영하는 일종의 강제 저축 제도라고 할 수 있어요. 대한민국의 18세 이상의 소득 활동을 하는 사람들은 누구나 이 제도에 의무적으로 가입해야 합니다. 법적으로 60세가 되기 전까지 다달이 소득에 비례해 보험료를 내고 일정 나이에 도달하면 사망할 때까지 연금을 받는 식입니다. 최소 10년 이상을 가입해야 하며, 지금은 출생 연도별로 받는 시점이 다르지만, 1969년 이후 태어난 사람은 만 65세부터 연금을 받을 수 있습니다.

　이 제도에 관해 많은 사람들이 오해하는 것 중 하나가 국민연금을 마치 민간 보험회사의 저축처럼 여기는 생각입니다. 국민연금을 두고 공적 연금이라고 하는 까닭은 단지 정부가 운영한다는 것만이 아니에요. 이 제도의 원리가 민간 보험회사에서 운영하는 사적 연금과 근본적으로 다르기 때문입니다. 사적 연금은 내가 낸 돈을 내 통장에 쌓았다가 나중에 늙어 되돌려받습니다. 하지만 공적 연금인 국민연금은 현재 돈을 벌고 있는 세대(경제활동인구)가 은퇴한 앞 세대(노인 인구)를 부양하는 제도입니다. 그래서 세대 간 부양 제도라고 말합니다.

돈을 받는 공식이 다소 어렵고 복잡해 보이긴 해도, 원리는 조부모 세대는 부모 세대가, 부모 세대는 자식 세대가, 자식 세대는 또 그 자식 세대가 노후를 보장하는 것이죠. 각 가정에서 노인을 부양하던 것을 전체 사회 공동체로 넓힌 것이라고 할 수 있어요. 공동체 전체가 함께 노후를 준비하고 책임지는 형태입니다.

이런 제도를 국가가 운영하는 이유는 무엇보다 더는 벌이를 할 수 없는 노후에 많은 이들이 빈곤층으로 추락하는 것을 막기 위함이에요. 우리나라 노인들의 거의 절반 가까이가 가난한 이유는 이 제도를 늦게 도입했기 때문입니다. 또 내는 돈이 적으니 받는 돈도 많지 않은 등 제대로 설계되지 못한 때문이기도 하고요. 서구 선진 복지국가 노인들이 우리나라 노인과 달리 가난하지 않은 이유는 이 제도를 일찍이 시행한 덕분이지요. 국민연금은 여러분의 조부모, 부모는 물론 여러분 자신의 노후를 위해서도 너무나도 중요한 복지 제도예요.

돈만 내고 나중에 못 받을까 봐 불안해?

국민연금의 취지에 대해서는 다들 공감할 거예요. 그렇지만 여전히 적잖은 사람들이 이 제도를 불신하고 있어요. 왜 그럴까요? 사람들의 불신과 불만에는 나름의 이유가 있는데, 개중에는 오해나 가짜 뉴스에서 비롯된 것도 꽤 있어요. 올바로 알 필요가 있습니다.

국민연금을 놓고 나라가 시끄러울 때가 종종 있었습니다. "당장 살기가 빡빡한데, 다달이 보험료를 내기가 버겁다"며, "가입 안 하면 안 되느냐"라는 불만도 적잖고요. 특히 청년들의 불만이 큽니다. 훗날 기금이 고갈되어 연금을 받지 못하는 게 아니냐는 불안에다, 청년 세대는 보험료 부담은 크고 받는 돈은 적어 현 세대에 비해 불공평한 처지가 아니냐는 의구심도 있습니다. 국민연금제도에 대한 이런 불만과 불신은 과연 근거 있는 것일까요? 사실일까요? 아니면 거짓일까요? 지금부터 하나하나 짚어 보겠습니다.

먼저 "가입 안 하면 안 되는가"라고 생각하는 이들이 있는데, 국민연금은 공적 연금이고 사회보험이라고 했죠. 이 뜻은 가입은 법적으로 의무화되어 있다는 것입니다. 대부분의 나라가 그렇습니다. 칠레처럼 연금제도를 민영화해 민간 보험사가 운용하도록 해도, 가입만은 의무입니다. 한창 일할 때 돈을 조금씩 내도록 해서, 나중에 직장에서 은퇴하면 노후에 연금을 받아 살아갈 수 있도록 하는 것이 이 제도의 존재 이유죠.

그런데 의무 가입 없이 자발적으로 선택하도록 한다면 어떨까요? 당장 생활이 어렵다는 이유에서 적잖은 이들이 연금을 탈퇴하거나 아예 가입조차 하지 않는 일이 벌어지고, 이는 노후에 많은 이들을 빈곤층으로 떨어지게 할 것입니다. 다수의 노인 빈곤층은 큰 사회문제가 될 것이고요. 반대로 이 제도를 일찍이 도입해 잘 운영해 온 나라의 노인들은 노후에 돈 걱정 없이 편안하게 보내고 있습니다. 스웨덴을 비롯해 북유럽 복지국가 노인들의 안락한 모습에서 우리는 이 제도의 존재 이유를 확인합니다.

국민연금과 관련한 오해와 가짜 뉴스들

두 번째로 청년 세대를 비롯해 적잖은 시민들이 연금을 지급할 돈이 마르는, 이른바 기금 고갈 사태로 인해 후일 연금을 못 받을까 우려합니다. 국민연금을 못 받는다는 것은 사실이 아닙니다. 다만 기금 고갈에 대한 우려가 있는 것은 사실입니다. 지급해야 할 연금액보다 납입되는 보험료가 적거나 기금 운용 수익이 부족해 기금이 소진되는 상태가 기금 고갈입니다.

2024년 국민연금 재정을 추계한 자료를 보면, 2055년에 기금이 고갈될 수 있다는 예측이 나와 있습니다. 5년 전의 재정 추계와 비교해 보아도 기금 고갈 시점이 5년 앞당겨졌습니다. 다만, 이런 재정 추계는 현 제도를 유지할 경우를 전제로 합니다. 보험료를 올리자는 개혁 논의가 나오는 이유죠. 하지만 기금 고갈이란, 연금을 주기 위해 쌓아 놓은 돈이 소진된다는 뜻이지 연금 지급을 하지 못한다는 뜻은 아니에요.

연금 지급은 나라에서 보장하는 것이기에 국가 재정으로 지급할 수 있습니다. 즉 나라가 없어지지 않는 한 못할 리는 없습니다. 그렇지만 나랏돈도 재물이 계속 나오는 화수분이 아니라서 대책이 필요합니다. 그래서 5년마다 나라에서 건강검진 하듯이 연금 재정 상태를 계산해서 국가 재정을 투입하거나 또는 가입자가 돈을 더 내거나 받는 돈을 줄이는 등의 이른바 재정 안정 조처를 합니다.

최소생활비도 안 되는 연금액도 조정이 필요해

연금제도를 고치자는 뜻의 연금 개혁 외침에는 다른 목소리도 있습니다. 노후에 받는 돈이 너무 적다는 문제입니다. 연금제도를 만든 취지가 노후에 소득을 보장해 주는 것인데, 그 금액이 너무나 적어 이런 취지를 살리지 못하기 때문입니다.

연금 가입자들의 평균 노령연금은 2025년 현재 60여만 원대입니다. 이 돈은 노후의 1인당 최저생활비(최소노후생활비)의 절반 수준에도 미치지 못하는 돈입니다. 국민연금연구원은 2023년 기준 1인 136.1만 원, 부부 217.1만 원, 통계청은 2024년 3월 기준 부부(가구주+배우자) 240만 원을 각각 노후 최소생활비로 다르게 말하지만, 현재 받는 노령연금액은 모두 1인 가구는 물론 부부의 최소생활비와 비교해도 크게 미치지 못합니다. 2024년 극빈층인 기초생활보장대상자에게 지급하는 돈이 1인 가구의 경우 71만 3102원입니다. 이 생계 급여에도 미치지 못하니 다른 소득이 없다면 노인 빈곤층이 될 수밖에 없지요.

더욱이 어디까지나 평균 금액이 그렇다는 것이지, 실제 60만 원대 이상을 받는 이는 가입자의 30%에 이를 뿐, 70% 이상은 60만 원 이하를 받습니다. 기금 고갈 이전에 소득 보장이란 본래의 기능조차 제대로 이루어지지 않고 있는 상황입니다.

그나마 이런 제도 혜택조차 받지 못하는 제도 밖에 있는 사람들도 많습니다. 흔히 이를 국민연금 사각지대라고 하는데, 그 수가 크게 넓혀 보면 1200만 명이 넘습니다. 소득이 없는 대학생, 취업 준비생, 전업주부와 같은 가사 노동자 등은 숫제 가입 대상자가 아닙니다. 단기 계약직, 파트타임 노동자, 프리랜서, 배달이나 대리운전 노동자 등 플랫폼 노동자들도 제외되어 있고, 영세 자영업자나 소상공인들도 가입하지 않은 경우가 많습니다. 이들 영세 사업장의 노동자들은 사업주가 응당 국민연금에 가입시켜 주어야 하는데, 가입을 하지 않거나 가입을 해도 보험료를 제대로 납부하지 않아 나중에 혜택을 받지 못하는 일도 있습니다.

국민연금을 둘러싼 오해와 불신은 연금제도가 안고 있는 흠결과 문제 때문이지 연금제도 자체가 문제인 것은 아닙니다. 이런 오해와 불신을 없애려면 흠결과 문제를 고쳐야 합니다. 노후에 지내기엔 너무나도 낮은 연금액, 선진 복지국가에 비해 적은 보험료 책정, 1200만 명에 이르는 연금 사각지대 해소, 기초연금 등 다른 연금과의 적절한 연계 등 연금제도의 개혁 과제가 켜켜이 쌓여 있습니다. 국민연금에 대한 불신과 오해를 푸는 가장 확실한 방법은 이런 개혁 과제를 완수하는 것입니다. 연금 개혁은 미루면 미룰수록 호미로 막아도 될 것을 가래로도 막지 못하는 상황을 자초하는 것입니다.

23

비싼 의료비 때문에 죽지 않으려면?

　　2007년에 공개된 마이클 무어 감독의 〈식코〉라는 다큐멘터리 영화를 본 적 있나요? 식코는 "병자"란 뜻으로, 세계에서 가장 부유한 나라 중 한 곳인 미국에서 비싼 보험료 때문에 죽거나 치료받지 못하는 비극을 고발한 다큐 영화예요. 공적 의료보장제도가 얼마나 소중한지를 보여 줍니다.

세계보건기구(WHO)의 헌장 전문에는 건강이란 "단지 질병이 없는 상태를 의미하는 것뿐 아니라, 신체적, 정신적, 사회적으로 완전히 안녕함"을 말한다고 정의합니다. 이 헌장은 이와 함께, "최고 수준의 건강을 누리는 것은 인종, 종교, 정치적 신념, 경제적 또는 사회적 조건에 관계없이 모든 인간이 누리는 기본적 권리 중 하나"이며, "정부는 국민의 건강에 대한 책임을 지고 있으며, 이는 적절한 건강 및 사회적 조처를 제공함으로써만 충족될 수 있다"고 천명합니다.

　　건강은 개인의 삶은 물론 사회를 지속하도록 하는 데도 매우 중요한 요소입니다. 건강을 유지하는 것은 단순히 질병을 예방하는 것 이상의 의미를 지닙니다. 개인의 행복과 삶의 질 향상은 물론 공동체와 사회 전체의 안정에도 큰 영향을 끼칩니다. 육체적, 정신적 건강을 유지하는 것이 인간의 기본적인 필요일 뿐만 아니라 보편적인 권리인 이유입니다. 반대로 건강을 잃는다는 것은 자아실현은 물론 경제 및 사회 활동의 토대가 무너진다는 것을 뜻하죠. 사실 복지가 보장하는 질병이나 장애, 출산, 사망, 돌봄 등 많은 사회적 위험은 모두 건강과 긴밀히 연관되어 있어요.

국가가 운영하는 공적 제도의 중요성

이 같은 건강 보장을 위한 제도는 정부, 국민(환자, 의료 서비스 소비자), 의료 공급자(의료 전문가와 병의원) 3자의 관계로 이루어집니다. 이 세 주체의 관계에 따라 구성되는 의료보장 방식은 크게 4가지로 나눠 볼 수 있습니다.

첫 번째는 국민건강보험 방식입니다. 이는 국가가 모든 국민에게 의료 서비스를 제공하고 이를 위한 보험에 의무적으로 가입하게 하는 제도입니다. 가입자가 일정 비율의 보험료를 내고 의료비는 이 보험을 통해 지급됩니다. 국가에 의해 설립된 1개의 보험자가 운영하는 사회연대에 기반한 의료보장 체계입니다. 우리나라와 대만이 이 방식을 취하고 있어요.

두 번째는 조합 방식의 사회보험 방식이 있습니다. 역시 의료보장에 대한 국가 책임을 기본으로 하는 것은 똑같습니다. 다만 주로 직장에서 고용된 노동자와 고용주가 보험료를 분담합니다. 정부에 대해 상대적으로 자율성을 가진 기구(보험 조합)가 보험자로서 보험료를 재원으로 해서 관리합니다. 독일, 프랑스 등이 이 제도를 운영해요.

세 번째는 국가보건서비스 방식입니다. 국민의 의료는 국가가 모두 책임져야 한다는 원칙으로 정부가 세금으로 재원을 꾸려 모든 국민에게 무상으로 의료를 제공하는 세금 기반 공공의료 방식입니다. 병의원의 상당수가 나라에서 혹은 비영리법인에서 운영합니다. 영국, 스웨덴 등이 이 제도를 운영합니다.

마지막으로 정부와는 별개로 민간 보험사가 제공하는 보험에 의해 의료보장이 이루어지는 방식입니다. 미국이 대표적인 나라죠. 많은 미국인들은 고용주를 통해 민간 의료보험에 가입합니다. 취업한 회사와 자신이 나눠 보험료를 내요. 직장이 없는 사람은 개인적으로 보험에 가입해야 보장을 받을 수 있지요. 보험회사를 고를 수 있는 장점이 있지만, 현실은 비싼 보험료 때문에 아예 보험 가입을 하지 못하거나 보험에 가입해도 보장을 받지 못하는 사례가 적잖아요. 이 때문에 죽거나 치료를 받지 못하는 경우가 꽤 발생합니다. 마이클 무어 감독의 〈식코〉는 그런 상황을 비판하는 다큐멘터리죠.

의료보험이 민간 보험 시장에 의존하면서 돈이 없어 보험에 가입하지 못한 미국인이 2600만 명으로 미국 인구의 8%에 이른다고 해요(2022년 기준). 이들은 손가락이 잘려도 붙이지 못합니다. 오랜 투병으로 집을 차압당해 파산하는 상황도 생깁니다. 그렇다고 미국에 공공의료보장제도가 아예 없는 것은 아닙니다. 65세 이상의 노인이나 특정 장애를 가진 사람, 말기 신장병 환자 등은 세금으로 건강을 보장해 줍니다. 연방 정부가 운영하는 메디케어 (Medicare)란 제도입니다. 또 저소득층을 위해 연방 정부와 주 정부가 공동으로 운영하는 메디케이드(Medicaid)란 제도도 있습니다.

이렇듯 각 나라는 저마다 다른 유형의 의료보장제도를 운영하고 있지만, 중요한 사실을 우린 알 수 있습니다. 국가가 개입해 운용하는 공적이고 보편적인 의료보장제도가 너무나 중요하고 합리적이며 더 효율적이라는 사실이 그것입니다. 적어도 돈이 없어 치료를 받지 못하는 일은 없어야 합니다. 시민단체에서 의료의 보장성과 공공성을 강조하는 이유도 이 때문입니다. 더욱이 소득 재분배 효과도 있습니다. 혜택은 같지만 소득과 재산이 많은 사람이 보험료를 더 많이 내기 때문입니다.

호평받는 우리나라 건강보험, 하지만 보완해야 할 점도 많아

우리나라 국민건강보험제도는 국제적으로는 나름의 호평을 받고 있습니다. 아파 입원하게 되면 진료비의 상당 부분을 보험 처리해 주거든요. 하지만 문제와 한계 또한 적잖습니다. 가장 큰 문제는 보험 처리가 안 되는 의료 및 약제 항목들이 적지 않다는 것입니다. 이를 비급여라고 불러요. 예컨대 건강검진 때 수면 내시경검사라든가, 고급 의료 기기를 이용한 검사 등이 그렇습니다.

로봇이나 레이저 등 첨단 의료기술을 사용할 때도 그렇고, 임플란트 및 치과 치료에서도 보험 적용이 안 되는 경우가 많아요. 또 가족이 아파 간병이 필요할 때 드는 간병인 비용은 거의 전적으로 개인이 부담해야 해요. 환자의 치료가 길어 간병인을 오래 써야 할 경우는 막대한 비용을 치러야 합니다.

건강보험제도가 전체 의료비 중 보장해 주는 비율을 두고 건강보험 보장성 비율이라고 합니다. 이 비율이 높으면 높을수록 의료 선진국이라고 할 수 있지요. 한국은 이 비율이 65% 내외입니다(2023년 기준). 유럽의 선진 복지국가에서는 이 비율이 약80%에 이릅니다. 우리나라가 상대적으로 낮은 편이라는 걸 알 수 있지요.

과잉 진료와 환자들의 도덕적 해이 등이 겹치면서 불필요하게 의료 서비스 이용이 많다는 지적, 의대 증원 사태에서 보듯 의사 수 부족 문제, 지역 간 의료 불평등과 건강 불평등 문제 등 풀어야 할 과제가 많이 있습니다. 초저출산, 초고령사회는 기본적으로 건강보험 재정에도 적신호를 보내고 있습니다. 건강보험제도를 비롯한 의료 개혁의 목소리가 갈수록 높아질 수밖에 없는 이유입니다.

로봇 때문에 갑자기 직장을 잃는다면?

대부분의 사람들은 일을 해서 돈을 법니다. 그래야 그 돈으로 먹을 것을 사고 차도 마시고 지하철이나 버스를 타고 다닐 수 있지요. 가정을 꾸렸을 때 아이를 양육할 수도 있고요. 그런데 갑자기 직장에서 해고를 당한다면 생계가 막막하겠죠? 이럴 때는 어떤 도움이 필요할까요?

일자리를 잃는 실업은 자본주의사회에서 필연적으로 발생합니다. 일할 의사가 있어도 일자리를 찾지 못하거나, 구조 조정이라는 이름으로 일을 하다가도 갑자기 해고를 당하기도 합니다. 경기 침체로 기업의 생산이 줄면서 대량 실업이 발생하기도 하며, 산업구조 변화로 기존 일자리가 사라지기도 합니다. 기술 발전으로 로봇 자동화가 이루어지면서 인간 노동이 기계로 대체되는 일도 일어나죠. 이처럼 자본주의사회 구성원은 자신의 노력이나 실력에 관계없이 실업이란 상황에 맞닥뜨리게 됩니다. 노동자에게 실업의 의미는 더는 돈을 벌 수 없다는 뜻입니다. 소득이 없으면, 사회생활은커녕 생존 자체가 위협받습니다.

우리 역사에서 실업이 노동자에게 어떤 영향을 끼치는지를 보여 주는 사례는 많습니다. 대표적인 예는 4장 〈복지 한국은 어떻게 만들어졌나〉(91쪽)에서 살펴본, 1997년의 외환 위기 시기의 대량 실업 사태가 아닐까 싶어요. 이 책을 읽는 여러분이 태어나기도 전의 일입니다. 비록 여러분에겐 먼 옛날의 일일지 모르지만, 50대 이후의 기성세대는 어제의 일처럼 생생한, 충격의 국가

부도에 가까운 사건이었습니다. 당시 실업자의 수는 136만 4천 명에 이를 정도로 급증했습니다. 수많은 빈곤층이 생겼고요. 한 유명 시인의 시집 제목처럼 "지옥에서 보낸 한철"이었습니다.

다행히 대한민국은 이 어려움을 잘 견뎌냈어요. 1998년 당시 김대중 정부와 국민은 금 모으기 운동을 벌이는 등 합심해 이 위기를 극복했는데, 이때 발생한 대량 빈곤과 대량 실업이 역설적으로 우리나라를 복지국가의 문턱으로 진입하도록 한 계기가 됐답니다.

실업으로 소득을 상실했을 때를 대비해 고안된 제도가 고용보험

이처럼 노동자가 일자리를 잃었을 때 일정 기간 동안 생계를 유지할 수 있도록 소득을 지원하는 제도가 고용보험(혹은 실업보험)입니다. 최소한의 생활 유지를 위해 실업급여를 주고, 직업훈련 및 취업 지원 서비스를 제공해 취업을 하도록 돕지요. 정부, 사업주, 노동자가 공동으로 재원을 부담해 운영합니다. 다달이 월급에서 보험료를 책정하고, 그 돈으로 고용 보험 기금을 운용하면서 다양한 지원을 합니다. 출산 및 육아로 인해 노동을 더는 이어갈 수 없을 때 일정 기간 모성보호급여가 제공되는데, 이 급여에는 출산휴가급여, 육아휴직급여, 육아기 근로시간단축급여 등이 있습니다. 2026년부터는 육아 휴직의 경우 최대 1년 6개월간 월 최대 평균 250만 원가량을 받을 수 있어요.

우리나라에서 고용보험은 1995년 7월 30인 이상 사업장부터 시행됐어요. 그러다 1997년 외환 위기 때 대량 실업이 발생하면서 1998년 1월부터 10인 이상 사업장, 3월부터 5인 이상 사업장, 10월부터 4인 이하 사업장 및 임시직 시간제 노동자까지 불과 1년도 채 안 되어서 빠르게 확대 적용됐습니다. 2000년 10월부터는 한 사람이라도 근로자를 고용하면 고용보험에 가입하도록 했지요. 2001년에는 비정규직 노동자도 이 보험을 적용받도록 했습니다. 이후 예술인, 보험 설계사와 택배 기사 등 특수 고용직, 배달 라이더 등 플랫폼 노동자, 자영업자와 프리랜서까지 단계적으로 확대 적용해 왔습니다.

그럼에도 여전히 적용이 이루어지지 않은 노동자와 자영업자 등이 적지 않으며, 경기 침체로 재정 부담도 늘고 있어요. 앞으로 일하는 사람들이면 누구나 이 보험의 적용을 받아, 일을 할 수 없을 때 최소한의 생계를 보장받을 수 있기를 바랍니다.

우리나라 산업재해 사망률이 1위라고?

어느 날 가족이 일터에서 다친다면 얼마나 마음이 아프겠어요. 실제 많은 노동자들이 일터에서 크고 작은 사고를 겪어요. 때로는 목숨을 잃습니다. 대한민국에서는 거의 매일 이런 사고가 발생합니다. 왜 산재 사고가 끊이질 않는지, 또 이럴 때 도움이 되는 제도는 무엇이 있는지 살펴볼까요?

2018년 12월 11일, 태안화력발전소에서 홀로 석탄 운반용 컨베이어벨트를 점검하던 24세 청년이 벨트에 끼어 사망했습니다. 청년의 이름은 김용균입니다. 그의 죽음은 큰 파장을 불렀습니다. 회사 규정에는 2인 1조로 근무하도록 되어 있었지만 지켜지지 않았고, 조사 결과 무려 40건의 산업안전보건법 위반 사례가 드러났습니다. 김 씨의 어머니는 아들의 어처구니없는 죽음에 "우리나라를 저주합니다"라며 절규했어요.

경제 규모 세계 10위권의 대한민국은 경제협력개발기구 회원국 중 산업재해 사망률이 늘 상위권을 기록했습니다. 특히 인구 5천만 명 이상·1인당 국민소득 3만 달러 이상인 '3050클럽' 국가 중에서는 한국이 산업재해 사망률 1위를 기록하고 있습니다. 해마다 2000명가량의 노동자가 사고나 질병으로 숨지고 있어요. "매일 '김용균'이 있었고, 내일도 '김용균'이 있을 것"(〈경향신문〉 특별 기획)이지만, 개별 사건은 기자들에게 문자로 간단히 통보됩니다. 하도 많다 보니 기자들은 "오늘도"라며 탄식할 뿐 무심히 넘기기도 합니다. 김훈 작가의 말대로 "죽음의 숫자가 너무 많으니까 죽음은 무의미한 통계 숫자처럼 일상화되어서 아무런 충격이나 반성의 자료가 되지 못하"는 상황이 되풀이되어 왔습니다.

"어느 날 아들이 갑자기 눈을 떴는데 까마귀 눈이 된 거예요. 엄마도 아빠도 못 알아보고 눈만 깜빡깜빡"(〈한겨레〉 기획 보도, 살아남은 김용균들). 어머니는 스물세 살에 일터에 나갔다가 일산화탄소에 중독되어 8년째 "예"와 "아니오"밖에 하지 못하는 아들을 보면 억장이 무너진다고 취재기자에게 밝혔습니다. 〈한겨레〉 보도를 보면, 치명적인 산재로 장애나 질병을 얻어 노동력을 상실한 채 중증 장애인이 된 노동자는 2022년 4월 기준 1만 1533명에 이릅니다. 그 가운데 20~30대 청년은 187명입니다. 이렇게 중증장애인이 된 청년들은 평균 50~60년을 꼼짝달싹할 수 없는 상태로 살아가야 합니다. 특히 나이 어린 청년들은 보상금도 적은 데다, 산재를 적용받지 못한 이들도 있습니다. 이들 가족의 고통도 이만저만 아닙니다. 대부분의 산재 가족 보호자들은 우울증을 앓고 있어요. 산재는 사회적 재난에 가깝습니다.

사회보험 중에 가장 먼저 만들어진 산재보험

이처럼 산업재해가 발생했을 때 필요한 의료 서비스를 제공하고 임금 손실을 보상하며 재활을 보장하는 사회보장제도가 산재보험입니다. 우리나라에서는 1964년에 시작됐습니다. 초기에는 광업 및 제조업에서 500인 이상 사업장만 적용했고, 지속해서 확대 발전해, 2018년 들어서 상시 근로자 1인 미만까지도 적용하게 됐어요. 거의 모든 사업주는 산재보험에 가입해 보험료를 납부해야 한다는 뜻입니다. 다른 사회보험과 달리, 산재보험은 노동자는 보험료를 내지 않고 사업주만 냅니다.

산재에 따른 구체적인 보상을 보면, 사고 이후 병원에서 요양을 받으면 그 기간 동안 임금 대신 평균 임금의 70%를 "휴업급여"란 이름으로 지급받습니다. 간병이 필요할 경우 간병료, 노동자가 치료 시작 후 2년이 지나도 치유되지 않을 때는 연금 형식의 상병보상연금이 지급됩니다.

다만, 사업주가 아닌 노동자가 직접 신청해야 하고, 업무와 재해 간의 관계가 인정이 되어야만 이런 급여를 수급할 수 있어요. 따라서 이를 놓고 재해 여부를 판정하는 기관인 근로복지공단과 피해 노동자의 다툼이 수시로 발생하곤 해요.

현실은 법대로 돌아가지 않는다는 말처럼, 절차는 불편하고 피해자가 직접 피해를 입증해야 하며, 치료와 재활에 대한 지원이 충분치 않아 가족의 고통이 크고, 회사는 여전히 불이익이 발생할까 봐 산재 처리를 꺼립니다. 상당수 비정규직 피해자들은 제도를 몰라 신청조차 못 하거나 안 하는 상황도 발생합니다.

치매가 무섭다고?

<내 머리 속의 지우개>란 영화를 본 적 있나요? 손예진 배우가 연기한 이 영화의 주인공은 젊은 나이에 알츠하이머병 진단을 받아 점점 기억을 잃어 갑니다. 사랑하는 가족이 치매로 고통받아 돌봄이 절박하다면, 어떻게 해야 할까요?

치매는 실은 무서운 질병입니다. 단순히 나이 들어 기억력이 떨어지는 것과 달리 일상생활에 큰 지장을 주는 질환이에요. 대략 65세 이상 노인의 열 명 중 한 명은 치매를 앓고 있다고 해요. 원인도 다양해요. 알츠하이머병이 가장 흔하고, 뇌졸중이나 혈관 문제로 인한 치매도 있어요.

치매는 환자 개인뿐만 아니라 가족과 사회 전체에 큰 영향을 끼칩니다. 돌봄 비용도 커서 환자 가족이 다니는 직장을 그만두는 일도 생기는데, 이럴 경우는 가족 전체의 소득이 감소해 경제적으로 어려워져요. 예전에는 자식이라도 여럿이어서 치매 부모를 돌아가며 돌보거나 비용도 나누었지만, 이제는 자식도 하나이거나 많아야 둘입니다. 이런 상황에 대처하기 위해 만들어진 사회보험 제도가 노인장기요양보험입니다.

우리나라는 2008년 7월부터 본격 시행됐어요. 노인장기요양보험법에는 "고령 또는 노인성 질병으로 인해 일상생활을 수행하기 어려운 자에게 신체 활동 또는 가사 활동 지원 등의 장기 요양 급여를 제공함으로써 노후의 건강 증진과 생활 안정에 기여하고, 가족의 부담을 경감하여 국민의 삶의 질을 향상시키는" 제도라고 설명합니다. 어려운 한자말이 섞여 있지만, 찬찬히 읽어 보면 내용은 어렵지 않아요.

　국민건강보험이 병의원을 통해 아플 때 치료를 받을 수 있도록 의료 서비스를 제공한다면, 노인장기요양보험은 요양원 등 장기 요양 기관을 통해 신체 및 가사 활동 지원 등 요양 서비스를 제공하는 것이지요. 65세 이상 노인은 물론 그 미만의 나이더라도 치매 등 노인성 질환으로 스스로 생활하기 어려운 사람은 누구든지 신청할 수 있어요. 건강보험을 관리하는 국민건강보험공단이 역시 이를 관리합니다. 건강보험 가입자는 평소 건강보험료를 낼 때, 동시에 장기요양보험료도 냅니다. 그러다 치매 등 노인성 질환으로 거동이 어려울 때, 일정한 절차에 따라 국민건강보험공단에 신청하면 등급을 판정받습니다.

| 장기요양인정 신청 절차 |

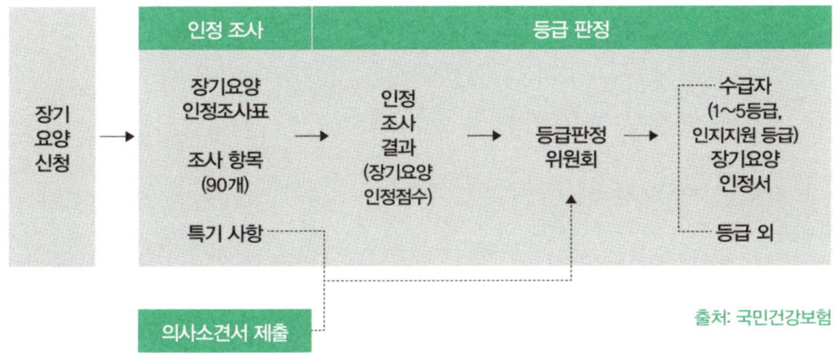

143

등급은 크게 1~5등급과 인지지원 등급으로 6가지로 나뉘는데, 1등급은 혼자 일상생활이 불가능한 상태로 최중증입니다. 이런 등급은 공단 직원이 현장 조사를 한 데 이어 등급판정위원회가 최종 결정합니다. 등급 판정에 따라 요양원 등 시설에 있으면 시설급여를, 집에서 서비스를 받으면 방문요양, 방문간호, 방문목욕 등 재가급여를 받을 수 있어요. 자격증을 지닌 요양 보호사가 집을 방문해 돌보는 것이지요. 이런 서비스를 받을 때는 건강보험공단, 즉 나라에서 비용의 상당 부분을 분담하며, 이용자 본인도 일부 비용을 부담합니다.

초고령사회라서 더 필수적인 노인장기요양보험

초고령사회가 되면서 장기요양보험을 받는 수급자 수는 해마다 늘고 있어요. 2023년 8월 기준 약 107만 명에 이릅니다. 2027년에는 145만 명에 이를 것으로 추산됩니다. 전체 노인의 7%가 넘죠.

치매 환자도 환자지만 보호자의 고통이 문제예요. 요양 보호사가 집을 방문해 치매 환자를 돌보긴 하지만, 서비스를 제공하는 시간이 제한되어 있어요. 가장 중증인 1등급일지라도 규정상 요양 보호사가 돌보는 시간은 하루 4시간 이상을 넘을 수가 없어요.

구체적으로 보면, 1~2등급 중증 어르신은 1회 4시간까지, 3~4등급 경증 어르신과 5등급 치매 어르신에게는 1회 3시간까지 이용할 수 있습니다. 한 달에 받을 수 있는 방문요양 서비스도 1주일에 최대 6일까지, 한 달의 경우에는 약 24회의 횟수 제한이 있습니다. 나머지 시간은 보호자가 책임져야 합니다.

제 친구 중 하나는 거동이 불편한 어머니를 돌보는데, 퇴근 후 매일 어머니 집을 찾아 식사를 챙기고 몸을 살핀 뒤 자신의 집으로 갑니다. 주말에는 요양 보호사가 아예 오지 않기에 온종일 어머니를 돌봐요. 실은 많은 보호자들이 그와 비슷한 상황에 놓여 있습니다. 치매 부모를 돌보느라 취업도 못한 청년, 자신의 몸도 온전치 못하지만, 치매 부모를 돌보아야 하는 노인 등 많은 보호자가 돌봄으로 인해 큰 고통을 겪고 있습니다. 돌봄 비용을 감당하지 못해 파산 지경에 이르는 가정도 나타나고요.

이런 현실에 그나마 환자와 보호자의 위험과 고통을 덜어 주는 제도가 노인장기요양보험제도예요. 초고령사회에서는 필수적인 사회보험제도랍니다. 아직 부족한 게 많지만 중요한 보편적 복지 제도라고 할 수 있습니다. 다만 고령자가 급증하면서 재정 부담도 크게 늘고 있고, 이를 해결하기 위해 가입자들의 본인 부담금도 늘어날 우려가 있습니다. 집에서 간병을 받고 싶은데, 아직 그렇지 못하는 등의 개선해야 할 과제도 많아요.

6장

우리나라의 복지 제도 2

27

유치원이 아니라 노치원이라고?

유치원은 들어봤는데, 노치원은 뭘까요? 눈치 빠른 친구들은 무릎을 탁 치며 웃고 있을지 모르겠네요. 노치원은 어르신들이 모여 낮 시간 동안 함께 생활하는 공간을 유머러스하게 부르는 곳이에요. 저출산 고령화로 유치원은 사라지고 노치원이 늘어난다는데 자세히 알아볼까요?

1천만 실버 시대라고들 합니다. 65세 이상의 노인이 1천만 명에 이른다는 이야기죠. 아이가 줄고 노인이 늘면서 전에 볼 수 없었던 다양한 일들이 일어나며 우리 사회의 모습을 바꾸고 있어요. 그중 하나가 유치원이 줄고 요양원이 늘어나는 현상입니다. 숫제 어린이들이 뛰어놀던 유치원이 간판을 바꿔 노인 돌봄 시설로 바뀌는 것도 심심찮게 볼 수 있어요.

노인들이 다니는 유치원이라고 해서 일명 "노(老)치원"이라고 불리는 곳이 속속 동네 가까이 생기고 있어요. 공식 명칭은 주·야간 보호센터예요. 혼자 일상생활이 어려운 노인들이 머물며 돌봄을 받는 곳입니다. 오전 8시부터 밤 10시까지 시설 여건과 가정 형편에 따라 이용할 수 있는데, 집을 떠나 장시간 머무는 요양원이나 요양 병원과 달리, 보통 집에서 출퇴근하듯이 다닙니다.

센터의 차량이 가가호호 노인들의 집을 방문해 차로 모신 뒤, 취미나 오락 등의 프로그램을 제공하며 머리 감기, 얼굴 씻기, 배변과 식사 도움 등 다양한 생활지도 및 일상 동작 훈련, 급식 및 목욕 서비스 등을 제공해요.

그렇다고 해서 누구나 이 센터를 이용할 수 있는 건 아니에요. 노인장기요양보험제도에 따라 장기 요양 등급을 받아야 합니다. 전체 이용 요금의 85%는 국가가 부담하고, 나머지 15%를 본인이 부담해요. 다만 요양원 등의 시설에 입소한 경우의 시설급여는 본인 부담이 20%이고, 기초생활보장 수급자는 본인 부담금이 면제됩니다. 이들 부담금은 등급과 이용 시간에 따라 제각기 다르지만 식비와 간식비만은 자신이 부담해야 하죠.

천만 노인을 위한 보호센터가 겨우 5천여 곳

노치원을 이용하는 어르신이나 가족들은 만족도가 대체로 높습니다. 우선 적은 비용으로 어르신 돌봄에 따른 여러 어려움을 줄일 수 있는 데다, 노인들은 시설에서 말벗을 사귀거나 노래를 부르거나 연극을 해 보는 등 여가를 즐길 수 있고, 운동도 합니다. 무엇보다 치매가 심하거나 거동이 어려운 어르신을 돌봐 온 가족들은 일정 시간 돌봄에서 벗어나 경제활동을 하는 등 자신의 생활을 할 수 있기 때문이죠.

다만, 아쉬운 것은 내 집 가까이 이런 시설이 충분히 있어야 하는데, 아직은 그렇지 못해요. 한 전문가는 이런 시설이 동네마다 있으려면 전국에 5만 개 정도 필요하다고 하는데, 현재는 그 10

분의 1 정도에 불과해요. 어린이집과 유치원의 수는 대략 4만 개 정도가 되지만, 노치원은 아직 5천여 곳이랍니다.

　　노치원은 여러분 같은 청소년에겐 먼 미래의 일이라고 여길지 모르겠어요. 하지만 여러분이 어른이 되는 30~40대엔 여러분의 부모님 일이 되고, 그 이후 여러분이 65세 노인이 될 때는 바로 여러분 자신의 일이 되겠지요. 우리의 할아버지, 할머니, 우리의 아버지, 어머니, 그리고 우리 자신을 위해서도 노치원은 더 많고 더 질 높은 공간이 될 수 있도록 지금부터 관심을 기울일 필요가 있습니다.

28

내 집에서 노후를 보낼 순 없을까?

여러분은 노인이 되면 어디에서 살고 싶은가요? 지금 사는 집? 아니면 공기 좋은 전원주택? 실버타운은 어떨까요? 아마 대부분은 한 번도 생각해 본 적 없을 거예요. 그러면 실제 여러분의 아버지, 어머니는 어디라고 답할 것 같아요?

어른들에게 "은퇴 후 어디에 살 계획입니까"라고 물은 한 조사가 있었는데, 해외에서 살고 싶다는 답이 뜻밖에도 많았답니다. 구체적으로 오스트레일리아라는 답이 가장 많았고, 이어서 캐나다, 미국, 하와이, 괌, 유럽 순이었다고 합니다.

왜 그렇게 답했을까요? 1~2위 나라의 공통점은 숲이 많아 자연환경이 좋고 복지 수준도 높은 선진국이란 점이에요. 그러나 이민이라는 게 말처럼 쉬운 일이 아니죠. 말도 통하지 않는 낯선 땅에서 사는 건 한두 번 여행 가는 것과는 차원이 다르니까요. 또 이민을 가고 싶다고 해서 누구나 갈 수 있는 것도 아니고요. 상당한 재력을 가진 사람들이나 가능한 일이죠.

많은 노인들의 현실적 바람은 어떨까요? 노인들 대부분은 가족이 있는 내 집에서 여생을 보내고 싶어 합니다. 그러나 현실은 내 집이 아닌 요양원이나 요양 병원에서 여생을 보내기 십상입니다. 자식의 입장에서 부모님을 집에서 모시자면 누군가 돌봐야 하고, 그 돌봄을 책임지는 자식의 삶은 자유롭지 못합니다. 비용은 비용대로 들면서 돌봄의 엄청난 부담까지 져야 하지요.

이처럼 자식 세대의 돌봄 부담을 덜고, 병원이나 시설이 아닌 노인 세대가 살던 곳에서 건강하게 살고 싶다는 바람을 담은 돌봄 시스템을 "지역사회 통합돌봄"이라고 합니다. 전문가들은 영어로 커뮤니티 케어라고 말합니다. "병원이나 시설이 아닌, 살던 곳에서 건강하게 살 수 있도록 의료, 요양, 복지, 주거 서비스 등을 통합적으로 연계해 제공하는 것"으로 정의하는데, 구체적으로 의사가 집이나 동네를 방문해 진료와 처치를 해 주고, 요양 보호사가 일상적인 도움을 주는 시스템이에요.

우리나라에서는 아직은 몇몇 지방자치단체에서 시범적으로 시행하고 있는데, 영국과 일본 등 선진국에서는 오래전부터 해 오고 있습니다. 전 국민 셋 중 한 명이 노인인 대표적인 초고령사회인 일본에서는 지역마다 지역포괄지원센터라는 곳이 있어 의사가 방문해 의료 서비스를 제공하는 재택의료, 간호사가 직접 방문해 건강관리를 해 주는 방문요양, 물리치료사나 작업치료사가 신체 기능을 돕는 방문재활, 집을 노인에 맞게 개조하는 주택 개조 등 다양한 서비스를 제공한답니다.

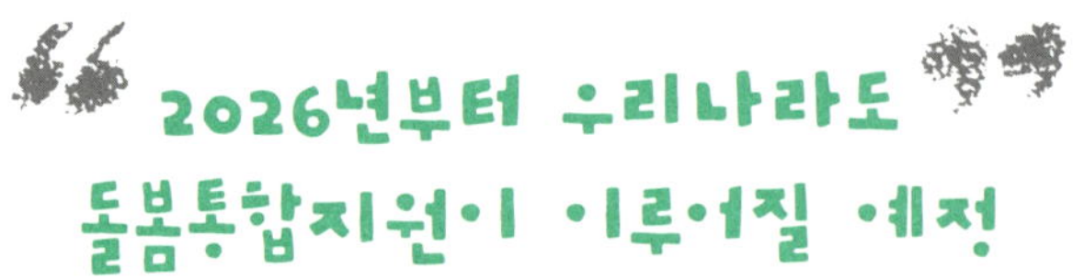

2024년 2월 말 21대 국회에서 '의료·요양 등 지역 돌봄의 통합지원에 관한 법률(돌봄통합지원법)'이 제정되었어요. 이 법에 따르면 2026년 3월 이후에는 각 지방자치단체는 이를 위한 계획을 수립하고 시행하도록 정해져 있습니다. 구체적인 내용은 시행령과 시행규칙에 담길 것이기에 아직 두고 봐야 하지만 이 법이 시행되면 적잖은 변화가 기대됩니다. 무엇보다 그동안 치매 환자나 노인, 장애인 등 거동이 불편한 이들을 돌봐 온 가족들이 한결 부담을 덜 것입니다. 의사나 간호사 등 전문가들이 집에 찾아와 필요한 서비스를 해 주기 때문이죠. 더불어 의사, 간호사, 약사, 사회복지사, 요양 보호사 등이 돌봄 대상자의 상태를 통합적으로 살펴 서비스를 해 줄 수도 있습니다. 이용자들이 부담하는 비용도 상당히 줄어들 것으로도 예상되고요.

사실 노인이 되면 몸이 약해지면서 조금만 삐끗해도 크게 다칩니다. 집에서 화장실을 가다가도 넘어지기 일쑤니까요. 작은 문턱이나 계단도 위험 요소이지요. 이러다 보니 노인들은 움직임을 줄이거나 외출을 꺼리고 그래서 고립된 생활을 하기 일쑤입니다. 좋은 돌봄 환경이 이루어지기 위해선 노인 친화형 주택이 많이 필요해요. 여러분이 노인이 될 때는 돌봄과 노후가 더는 외롭고 불안하고 두려운 게 아니길 바라봅니다.

29

송파 세 모녀를
왜 지키지
못했을까?

2014년 2월의 어느 날, 서울 송파구의 한 단독주택 반지하에 살던 세 모녀 일가족이 스스로 삶을 마감한 사건이 있었어요. 당시 이 사건은 우리 사회에 큰 충격을 주었어요. 엄연히 극빈층을 위한 복지 제도가 있는데도, 왜 이들에게 힘이 되지 못했을까요?

송파 세 모녀의 비극이 벌어진 지 어느덧 10년이 훌쩍 지났습니다. 당시 60세였던 어머니는 서른다섯의 큰딸과 서른둘의 작은딸과 함께 살고 있었습니다. 남편이자 두 딸의 아버지는 2003년 암으로 일찍이 세상을 떠났고, 그 후 생계는 어머니가 식당 일 등을 하며 책임져 왔어요. 큰딸은 당뇨와 고혈압을 앓았으나 치료를 제대로 받지 못했고, 만화가 지망생인 작은딸은 아르바이트를 하며 간간이 돈을 벌었지만 턱없이 적었지요. 게다가 언니의 병원비와 생활비로 빚이 쌓이면서 신용 불량자가 됐습니다.

비극의 시작은 사건 발생 한 달 전 어머니가 빙판길에 넘어져 팔이 부러진 이후 더는 식당 일을 할 수 없게 되면서였어요. 끼니를 라면으로 때우며 버티던 세 모녀는 결국 삶을 포기했습니다.

대한민국에는 생활고를 겪는 극빈층을 위한 복지 제도가 있습니다. 국민기초생활보장제도와 긴급복지지원제도가 그것입니다. 그런데 왜 송파 세 모녀는 이 제도들의 혜택을 받지 못했을까요?

그런데 사건 후 확인해 보니 이들 송파 세 모녀는 이들 제도의 지원을 받기 위한 어떤 신청도 하지 않았습니다. 이들 제도의 지원을 받으려면 당사자나 가족이 동주민센터에 신청을 해야 지원을 받을 수 있어요. 신청주의 원칙입니다. 경찰은 이들 세 모녀가 복지 "제도로 도움을 받을 수 있다는 사실을 몰랐던 것 같다"면서, "재발을 막기 위해 복지 혜택에 대한 적극적인 홍보가 중요할 것 같다"고 말했습니다. 그렇다면 홍보를 잘 하면 이런 비극이 사라질까요?

당시까지만 해도 공무원이 빈곤층을 적극적으로 찾아서 신청하도록 하는 개념이 부족했어요. 이 사건 후에야 이렇게 복지 제도에 대해 모르는 빈곤층이 있으니 공무원이 먼저 찾아서 도움을 주어야 하지 않겠느냐는 여론이 빗발쳤습니다.

하지만 복지 전문가들은 이들 가족이 국민기초생활보장제도

긴급복지지원제도 위기 상황에 놓여 생계유지가 곤란한 저소득 가구에 필요한 생계·의료·주거 등을 일시적으로 신속하게 지원하여 위기 상황에서 벗어날 수 있도록 돕는 제도이다. 복지대표포털 복지로(www.bokjiro.go.kr)나 보건복지부 홈페이지(www.mohw.go.kr)에서 자세한 내용을 확인할 수 있다.

| 긴급지원은 어떻게 이루어지나요? |

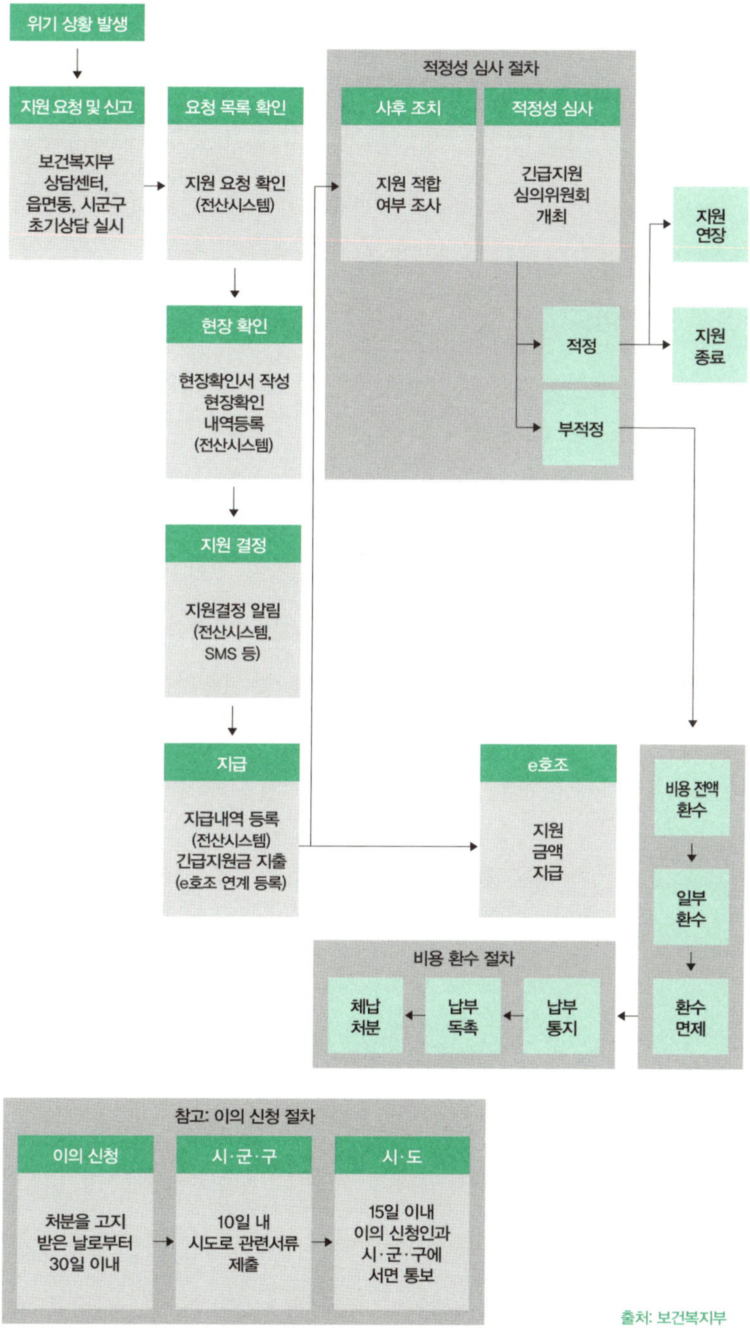

위기 상황 발생
지원 요청 및 신고
보건복지부 상담센터, 읍면동, 시군구 초기상담 실시
요청 목록 확인
지원 요청 확인 (전산시스템)
현장 확인
현장확인서 작성 현장확인 내역등록 (전산시스템)
지원 결정
지원결정 알림 (전산시스템, SMS 등)
지급
지급내역 등록 (전산시스템) 긴급지원금 지출 (e호조 연계 등록)
적정성 심사 절차
사후 조치
지원 적합 여부 조사
적정성 심사
긴급지원 심의위원회 개최
적정
부적정
지원 연장
지원 종료
e호조
지원 금액 지급
비용 전액 환수
일부 환수
환수 면제
비용 환수 절차
납부 통지
납부 독촉
체납 처분
참고: 이의 신청 절차
이의 신청
처분을 고지 받은 날로부터 30일 이내
시·군·구
10일 내 시도로 관련서류 제출
시·도
15일 이내 이의 신청인과 시·군·구에 서면 통보

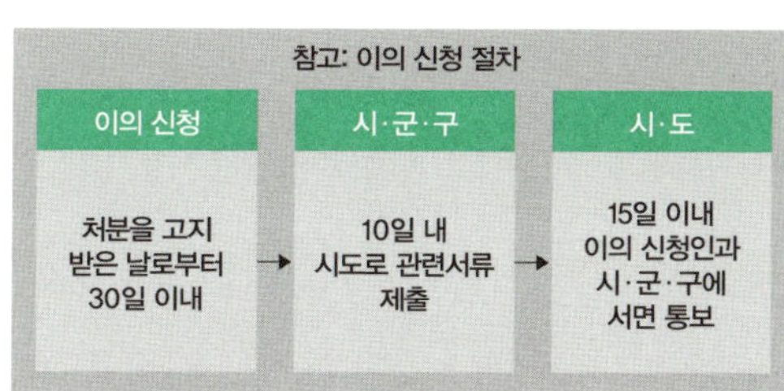

출처: 보건복지부

수급을 신청했다고 해도 이 제도의 온전한 혜택을 받기는 어려웠을 것이라고 판단합니다. 이 제도의 신청 절차가 복잡하고, 선정 심사 과정이 까다롭고 엄격하기 때문이에요. 또, 적잖은 빈곤층은 주변의 시선을 의식해 가난해도 신청을 꺼리는 경향도 있고요. 제도를 쉽고 간명하게 만드는 것이 필요하다는 지적이 나오는 이유죠. 송파 세 모녀 사건 이후에도 유사한 비극은 끊이지 않았습니다. 2022년 8월 수원 세 모녀 사건이 대표적입니다. 어머니는 암 환자였고, 큰딸과 작은딸은 각기 질병과 우울증을 앓았고, 아들은 질병으로 사망한 뒤였습니다. 그들도 극심한 생활고를 겪다 죽음을 선택했습니다. 잇따른 세 모녀 사건 같은 빈곤층의 비극은 우리 사회에 국민기초생활보장제도의 허점을 진단하고 복지 사각지대 문제를 살피는 계기가 됐습니다.

빈곤층 스스로 자신의 가난을 증명해야 하는 단점

극빈층을 위한 또 하나의 제도인 긴급복지지원제도에 대해 좀 더 설명해 볼게요. 말 그대로 모든 시민이 긴급할 때 일시적으로 지원받을 수 있는 제도입니다. 이 제도가 마련된 데는 또 다른 비극적 사건이 있었어요. 2004년 12월 대구 불로동에서 5세 아이가 영양실조로 사망한 사건입니다. 장애가 있던 아이는 먹지 못해

하늘나라로 갔습니다. 막노동으로 생계를 꾸려 온 그의 아버지는 당시 일거리가 없었고, 어머니는 지적장애가 있어 자주 집을 비웠어요. 7세 누나와 2세 여동생이 있었는데, 이들도 발견 당시 영양실조 상태였어요. 이들 집의 냉장고에는 우유 3병만 덩그러니 놓여 있었을 뿐이었죠. 지적장애가 있는 어머니는 장애인으로 등록조차 되어 있지 않았고, 엄연히 장애 아동이지만 의료 지원을 받지 못했으며, 기초생활수급 대상 가구로 선정되지도 못한 상태였어요.

대구 불로동의 5세 아동의 아사 사건, 그로부터 10년 뒤의 송파 세 모녀 사건, 2019년 성북 네 모녀 사건, 2022년 수원 세 모녀 사건 등 열거할 수 없을 정도로 극빈층의 비극적 사건은 반복돼 나타났습니다. 그나마 언론에 보도된 경우에는 수면 위에 떠오르지만 알려지지 않은 비극은 부지기수입니다. 빈곤층 스스로 자신의 가난을 증명해야 가까스로 숨통을 틔우는 지원을 받을 수 있는 제도의 문제가 지속되는 한 비극은 계속될 수밖에 없습니다. 조금씩 개선되고 있지만, 근본적 개혁이 필요합니다. 복지 한국의 갈 길은 여전히 멉니다.

30

폐지 줍는 어르신은 하루에 얼마를 벌까?

흔히 길거리에서 마주치는 폐지를 줍는 노인들은 가난한 노인들의 상징입니다. 서구 선진국의 노인은 넉넉하지는 않더라도 적어도 빈곤하지는 않은데, 한국의 노인은 왜 유독 가난한 이들이 많을까요? 이들을 위한 소중한 복지 제도가 있습니다.

우리나라 경제활동인구의 94% 이상은 국민연금에 가입되어 있습니다. 별도로 공무원은 공무원연금, 사립학교 교직원은 사학연금, 군인은 군인연금이란 특수직 공적 연금이 있고요. 이들 연금은 벌이를 하지 못하는 노후 생활을 견디게 하는 버팀목입니다.

그런데 국민연금의 경우엔 결정적 문제가 있습니다. 이 제도를 도입한 게 1988년부터이니, 노인들 가운데는 아예 가입하지 않았거나, 가입을 했어도 가입 기간이 짧아 연금 액수가 너무나 적어 생활고를 면하기엔 턱없이 부족하다는 점입니다. 그래서 만들어진 복지 제도가 기초노령연금이었고, 이 제도가 2014년 7월부터 기초연금으로 이름이 바뀌어 시행됐습니다. 가난한 노인들의 생활을 돕기 위해 마련된 또 하나의 제도입니다.

2007년 국민연금의 재정 안정을 위해 노후에 받을 연금액의 비율을 낮추면서 이를 보완하기 위해 도입한 게 그 시작이었어요. 물론 그 이전에도 저소득층 노인에게 2~5만 원의 현금을 지급하는 경로연금이란 게 있었고, 더 거슬러 1991년에는 70세 이상의 가난한 노인을 위한 노령수당도 있었지만, 65세 이상 노인 70%에게 다달이 일정액의 연금을 지원하는 이 제도와는 비교될 수 없지요.

전체 노인 가운데 소득 순으로 70% 이하에 들어가는 65세 이상 노인이라면 누구나 기초연금을 받을 수 있습니다. 2025년 기준 월 최대 지급액은 단독 가구 34만 2510원에 이릅니다. 물가 상승률에 따라 해마다 액수는 조금씩 늘어갑니다. 많은 노인들에게 너무나도 귀한 금액이에요. 다달이 따박따박 돈이 통장으로 들어오니 심리적 안정감도 느끼고 생활에도 큰 보탬이 되기 때문이지요.

다만, 기초연금 외에 다른 소득이 없는 노인은 연금액이 생활하기에는 턱없이 부족해 돈을 더 올려 줄 필요가 있습니다. 하지만 초고령사회가 다가오면서 그 대상자가 해마다 증가하니 2023년만 해도 그 총액이 약 19조 원에 이릅니다. 곧 나라 재정에서 20조가 훌쩍 넘어갈 것입니다. 그래서 이 제도를 두고서도 대상자를 줄이고 액수를 늘리자는 목소리가 나옵니다. 일부 전문가들은 소득 하위 70%가 아니라 아예 100% 모두에게 주자는 주장도 합니다. 국민연금 개혁을 놓고 논의가 있을 때 이 제도가 함께 논의 테이블에 오르는 배경이기도 하지요.

경제협력개발기구 소속 국가 가운데 가난한 노인이 가장 많은 나라가 우리나라입니다. 그나마 기초연금제도가 도입되면서 그 숫자가 줄었습니다. 2013년 46.3%이던 노인 빈곤율이 2023년 기준 38.2%로 떨어졌습니다. 이는 65세 이상 노인 10명 중 약 4명이 중위 소득의 50% 이하로 생활하고 있음을 의미합니다. 66세 이상 은퇴 연령층 기준으로는 39.8%로 경제협력개발기구 회원국 중 노인 빈곤율이 가장 높은 수준입니다. 경제협력개발기구 회원국의 노인 빈곤율 평균은 14.2%입니다. 노인들이 갖고 있는 부동산을 감안해도 회원국 평균보다 월등히 높습니다. 여전히 대한민국에는 빈곤 노인이 많다는 뜻이죠.

대한민국 빈곤 노인의 상징적인 모습은 폐지 줍는 노인입니다. 그렇다면 폐지 줍는 노인들은 얼마나 될까요? 2023년 보건복지부에 딸린 한국노인인력개발원이 실태를 조사한 적이 있습니다. 어떻게 조사했을까요? 폐지 줍는 노인들은 폐지를 고물상에 팝니다. 따라서 전국 고물상 4282곳 가운데 지역적으로 대표성을

중위 소득 전체 가구를 소득 순서로 줄을 세웠을 때 정확히 가운데 있는 가구의 소득

지닌 곳 105군데를 표본으로 삼아 이곳에 폐지를 파는 노인 수를 확인해 추계를 내 봤습니다. 이렇게 대략 추정해 보니, 4만 2천여 명에 이르는 것으로 나왔어요. 이들 노인들의 연령은 평균 76세예요. 이들은 하루에 평균 5.4시간 폐지를 주워 시간당 1226원으로 월 15만 9천 원을 버는 것으로 나타났어요.

2025년 최저 시급이 10,030원인 것을 생각해 보면, 힘겹게 일한 것에 비해 적은 돈이죠. 그래도 한 푼이라도 벌기 위해 일할 수밖에 없는 게 이들의 사정입니다. 나이 든 노인들이 일할 곳은 거의 없고, 돈은 필요하니 폐지 줍기라도 나설 수밖에 없는 것이지요. 그나마 이분들은 건강이 따라 주어서 이렇게 폐지라도 주울 수 있지만, 그렇지 못한 병든 분들은 그마저도 하기 힘듭니다. 우리나라에서 자살하는 비율이 가장 높은 연령대가 65세 노인이란 것은 노인 빈곤과 깊은 연관이 있어요.

폐지 줍는 노인들의 93.2%, 거의 대부분이 기초연금을 받는 걸로 조사됐어요. 기초연금은 이들의 주 소득이란 걸 알 수 있지요. 한 달 꼬박 폐지를 주워 버는 돈의 2배가량이 되니까요. 폐지를 줍고 기초연금을 받아도 빈곤을 벗어나기가 어려운 현실입니다.

31

아이를 상자에 버린다고?

유명한 프랑스 명작 동화 〈레미: 집 없는 아이〉를 아시나요? 버려진 아이 레미가 거리의 음악가인 한 할아버지를 만나 갖은 역경을 딛고 부모 곁으로 결국 돌아온다는 동화랍니다. 그런데 세계 10위권의 경제 대국인 대한민국에도 부모가 아이를 낳고도 돌보지 못해 버려지는 아기가 있답니다. 어떻게 된 일일까요?

1878년 엑토르 말로가 쓴 〈레미〉는 영화로도 만들어져, 여러분 중에 영화로 레미를 만난 이들도 있을 것 같군요. 아직 못 봤다면 유튜브에서 볼 수 있으니 한번 보세요. 감동적인 이야기에 아름다운 배경음악까지 시간 가는 줄 모를 거예요. 가끔은 이런 순한 팝콘 맛 같은 감동 이야기를 접하면 마음이 정화되는 느낌일 거예요. 그런데, 여러분 궁금하지 않나요? 지금 우리나라에서 이렇게 버려지는 아이가 있을까 하고 말이에요.

유감스럽게도 요즘에도 아이들이 버려집니다. 해마다 거의 300여 명에 가까운 아이들이 버려진다는 통계도 있습니다. 초등학교 5학년 형준(가명)이는 2013년 5월 중순 서울의 한 교회 앞 길가에 버려졌어요. 태어난 지 사흘만에요. 이제 갓 4세인 민우(가명)도 경남 지역의 한 상가 건물 계단에서 포대기에 둘러싸인 채로 발견됐어요. 민우를 버린 부모는 아이를 버린 죄로 결국 처벌을 받았지요.

베이비박스라고 들어보셨나요? 베이비박스는 부모가 양육을 포기하거나 기를 수 없는 신생아를 익명으로 맡길 수 있도록 고안된 장소라고 할 수 있지요. 이런저런 사정으로 베이비박스에 아기를 놓고 가는 일이 적잖았어요. 종교 단체에서 주로 운영하는데, 1950년대 독일에서 처음 시작되었다고 해요. 우리나라는 2009년 서울 관악구에 있는 한 교회에서 처음 시작했어요. 2023년 통계에 따르면, 지난 14년간 무려 2220명의 아기가 베이비박스에 맡겨졌답니다. 아기를 이곳에 버리거나 맡기는 상당수는 미혼모라고 해요. 이혼 가정이나 불법체류 외국인 자녀도 이곳에 맡겨지는 경우도 있습니다. 임신 사실을 숨기기 위해 고시원이나 화장실, 모텔 등 병원 외의 장소에서 아이를 출산해 베이비박스로 데리고 오기도 해요.

베이비박스를 운영하는 교회 목사님은 이를 생명 박스라고 말합니다. 베이비 박스가 있기에 엄마들이 아이를 그래도 살리기 위해 이곳으로 데려온다는 뜻에서요. 하지만 베이비박스에 아기를 맡기는 것도 길가에 버리는 행위와 같이 법적으로는 유기죄란 범죄에 해당합니다. 〈유엔아동권리협약〉을 위반하는 내용이기도 하고요. 베이비박스를 두고서 찬반 논란이 이어지는 이유죠.

" 한국 아동복지의 어두운 면을 보여 주는 베이비박스 "

사실 베이비박스 논란은 우리나라 아동복지의 일면을 보는

듯해서 쓸쓸해요. 아동은 노인 이상으로 돌봄이 필요한 취약한 복지 대상자예요. 우리나라는 노인 빈곤만큼 아동 빈곤율도 선진국 가운데 높아요. 전체 아동 가운데 대략 10% 이상이 빈곤에 놓여 있다는 조사가 있을 만큼요. 할아버지 할머니 세대에서는 아동복지 하면 고아원을 떠올렸습니다. 한국전쟁 이후 미국의 원조를 받을 무렵 우리나라에는 전쟁고아가 참으로 많았고, 고아는 아니지만 부모에 의해 버려진 아이들도 많았습니다. 해외로 입양 간 아동도 많았고요. 오늘날에도 약 1만 명 이상의 아동이 시설에서 그리고 4친 명 정도가 그룹홈에서 생활합니다. 하지만 아동복지에 쓰이는 예산은 너무나도 적어요.

그나마 다행인 건 이전에 비해선 아동을 위한 복지 프로그램이 다양해졌다는 사실입니다. 2018년에는 우리나라에서 처음으로 아동 수당이 도입되었어요. 선진국에 비교하면 많이 늦은 편이죠. 만 6세 미만을 대상으로 했다가 2022년 기준 만 8세 미만 아동에게 다달이 월 10만 원의 정액을 지급합니다. 소득과 재산에 상관없이 모든 아동에게 지급되는 보편적 복지 제도라고 할 수 있어요. 선진국에 비해서는 대상자나 금액 모두 많이 부족하지만 시

그룹홈(Group Home: 공동생활 가정) 보호 대상 아동에게 가정과 같은 주거 여건과 보호, 양육, 자립 지원 서비스를 제공하는 것을 목적으로 하는 시설을 일컫는다.

작이 반이라고 했습니다.

　아동복지의 가장 일반적 형태는 만 0세부터 5세까지의 아동을 위한 영유아 보육료 지원이지요. 우리나라는 2009년부터 저소득층 아동을 대상으로 부분적 무상 보육을 시행하다가 2013년부터는 0~5세 전 아동을 대상으로 소득에 상관없이 완전한 무상 보육을 실시하고 있습니다.

　육체적, 정서적, 성적으로 학대받는 아동을 보호하는 학대 아동보호도 최근 들어 사회적으로 이슈가 된 아동복지 영역 중 하나예요. 아이를 때리거나 모욕을 주거나 방치하는 행위가 모두 아동학대이죠. 24시간 아동 학대 신고센터도 마련되어 운영 중에 있습니다. 아동 학대 신고는 누구나 국번 없이 112로 신고하면 됩니다. 또 아이지킴콜 앱을 이용하거나 가까운 경찰서를 찾아 신고할 수도 있어요. 아이들은 누구나 적절한 생활수준에서 살아갈 생존의 권리는 물론 모든 학대와 방임, 차별, 폭력, 성폭력 등 유해한 것으로부터 보호받을 권리가 있습니다. 더불어 교육을 받고 문화생활을 하고 정보를 얻는 발달의 권리도 있습니다.

32

18세가 되었으니 보육원을 나가라고?

부모가 없거나 부모가 키울 수 없는 아이들은 보육원에서 자랍니다. 하지만 일정 나이가 되면 더는 보육원에 있을 수 없고, 자립을 해야 합니다. 자립이란 말처럼 쉬운 일이 아니에요. 이들은 어떻게 스스로 독립된 삶을 꾸려 갈 수 있을까요? 이들을 위해 어떤 공적 지원이 있을까요?

동화에서는 어릴 때 버려진 아기들은 갖은 어려움을 겪다 마침내 친부모를 찾아가거나 좋은 양부모를 만나 행복하게 사는 이야기로 끝납니다. 집 없는 아이 레미도 그랬죠. 하지만 영화나 소설에서는 해피엔딩으로 그려지지만, 현실에서 그런 일은 극히 드뭅니다. 아무리 좋은 시설이라도 가족으로서 정을 나누는 가정보다 좋기란 쉽지 않기 때문이지요. 실제 연구 결과에서도 시설 보호는 아이들의 전반적인 발달에 부정적인 영향을 줄 수 있다고 합니다.

그래서 정부도 되도록 아이들을 보호 또는 양육 시설에서 자라게 하기보다 가정보호를 원칙으로 삼고 있어요. 이를 "선 가정보호 후 시설보호"라고 말합니다. 일정 기간 보호하다 친부모가 아이를 다시 데려가도록 하거나, 혹은 시설에서 생활하는 아이를 자기 자식처럼 키우고 싶어 하는 경우로, 입양을 말하는 것이지요. 이런 입양이 성사되기 전에 혹은 다시 원가정으로 아이가 되돌아가기 전에 일시적으로 자신의 가정에서 아이를 맡아 키워 주는 경우도 있지요. 바로 위탁 가정의 방식이에요.

하지만 실제로는 보호 아동의 57.3%가 여전히 시설에서 보호되고 있어요. 사실 우리나라의 시설보호는 다른 나라와 비교해도 유독 높아요. 세계 평균은 10만 명당 105명인 데 비해 우리나라는 10만 명당 188명에 이릅니다. 그래서 유엔아동권리위원회가 보고서에서 경고성 권고까지 내리기도 했어요. 시설보호를 단계적으로 폐지할 것과 가능한 한 모든 보호 아동의 가정 기반 양육을 지원 및 촉진하라는 권고이지요.

그런데 보육원 등 시설에서 자란 아이들이 언제까지 시설에 머물 수 있는지 생각해 본 적 있나요? 혹은 이들이 시설에서 지내다 자립을 하고 싶다면 어떻게 자립이 가능할까요? 이들이 자립을 하기까지 국가의 지원은 어떤 게 있을까요?

열여덟의 공포, 보호 종료 아동

보육원 등 시설에서 보호를 받다 일정 나이가 되면 보호가 종료되는데, 이들을 보호 종료 아동 또는 시설 퇴소 아동이라고 합니다. 통상 부모가 죽거나 가정이 깨져 헤어지거나 혹은 직장을 잃어 돌보지 못해 국가로부터 보호를 받던 보호 대상 아동은 만 18세가 되면 보호시설을 떠나 자립을 해야 해요. 그래서 자립 준비 청년이라고도 하죠.

시설에서 보호를 받다 세상 속으로 나오는 아이들은 대체로는 공포의 감정을 느낀다고 합니다. 이를 열여덟의 공포라고 부르기도 했지요. 지난 2022년부터는 시설에서 더 머물고 싶으면 만 24세까지 연장할 수 있도록 했지만 기본적으로 18세가 되면 홀로서기를 하도록 되어 있죠.

여러분, 18세, 최대한 늦추어 24세라고 해도 세상에 홀로서기 한다는 건 결코 쉬운 일이 아닙니다. 사람이 살아가는 데 필수적인 것은 생각보다 많고, 그 모든 것을 자립 이후엔 스스로 마련해야 하기 때문이죠.

우선 살 곳을 마련하는 일부터 쉽지 않아요. 겨우 살 곳을 마련했어도 집세, 전기세, 각종 공과금, 휴대전화 비용, 식비 등 다달이 지불해야 할 비용이 이만저만이 아니죠. 하루에 12시간 이상 아르바이트를 해도 빠듯합니다. 몸이 아파 병원에 갔을 때 보호자 연락처를 기입하도록 되어 있는데 쓸 보호자가 없는 현실의 막막함과 외로움까지 힘든 일들의 연속이에요.

이런 보호 종료 아동 또는 자립 준비 청년들이 홀로서기를 할 수 있도록 하기 위해선 다양한 지원과 서비스가 필요합니다. 중앙정부와 지방정부, 혹은 각종 민간 복지 재단이 이들을 돕기 위해 애쓰고 있어요. 특히 정부에선 자립 정착금과 자립 수당 등의 명목으로 여러 지원 및 서비스를 제공합니다. 복지는 이들에게 여름날 소중한 단비 혹은 생존을 위한 최후의 보루와 같습니다.

33

누가 장애인일까?

여러분, 장애인이란 누구를 말하는 것일까요? 아마도 앞이 보이지 않거나 다리가 불편한 지체장애인을 쉽게 떠올릴 것입니다. 장애는 신체적, 정신적 기능의 손상으로 일상생활이나 사회생활에 제약이 있는 상태를 뜻합니다. 여러분이 아는 장애는 어떤 것이 있나요?

장애의 종류는 매우 다양해요. 크게 신체적 장애와 정신적 장애로 나눌 수 있습니다. 신체적 장애로는 지체장애, 뇌병변장애, 시각장애, 청각장애, 언어장애, 안면장애, 신장장애, 심장장애, 간장애, 호흡기장애, 장루·요루장애, 뇌전증(간질)장애가 있습니다. 정신적 장애는 지적장애와 자폐성장애를 포함한 발달장애와 조현병, 양극성장애, 심한 우울증 같은 정신장애가 있지요.

각 장애 유형은 중증과 경증 등 장애 정도에 따라 구분되며, 같은 장애라도 개인마다 특성이 다를 수 있다는 게 전문가들의 견해예요. 장애인복지법에는 장애인이란 "신체적, 정신적 장애로 오랫동안 일상생활이나 사회생활에서 상당한 제약을 받는 자"라고 정의합니다. 한때 관련 장애로 환자였던 이가 비록 더는 의학적 치료를 받지 않더라도 일정 기간 지속해서 일상 및 사회생활에 제약을 받는다면 장애인인 것이죠. 이는 움직이거나, 일하거나 등 독립생활을 수행할 능력이 있느냐, 없느냐를 따져 장애 여부를 판단하는 것으로 장애의 개념이 진화했기 때문이에요.

장애와 장애인에 대한 이해는 개인과 사회를 위해 중요합니다. 장애는 개인만의 문제가 아니라 사회적 문제이기 때문이에요. 장애인도 인간으로서 존엄성과 평등한 권리를 가지며, 장애인의 권리를 보장하는 것은 사회의 책무라는 인식이 중요합니다. 장애와 장애인에 대한 이런 인식은 나와 우리 모두의 삶의 질을 높이는 길이에요.

장애인은 물리적, 사회적, 경제적 장벽으로 인해 일상생활에서 많은 어려움을 겪어요. 장애인을 위한 다양한 정책이 필요한 이유죠. 장애인에 대한 국가의 지원은 다양합니다. 저소득층 장애인을 위한 장애인 연금 및 수당, 건강보험 본인 부담금을 낮춰 주는 의료 지원, 장애인의무고용제 같은 고용 지원, 소득세와 재산세를 낮춰 주는 세금 감면, 저금리 대출 등 금융 지원, 그리고 장애인 대학생 등록금 지원과 같은 교육 지원 등이 있습니다.

최근 들어 강조되는 지원은 돌봄 지원 서비스예요. 만 6세 이상부터 만 65세 미만의 장애인 중 스스로 일상생활이 어려운 경우, 세면이나 식사를 위한 신체활동 지원, 청소와 세탁, 장보기를 위한 가사 활동 지원, 병원을 찾거나 외출 시 동행해 주는 사회활동 지원 등의 서비스가 있습니다. 장애인활동지원서비스입니다. 소득 수준에 따라 개인이 책임지는 분담금에는 차이가 있어도 등록 장애인이라면 누구나 이 서비스를 신청할 수 있어요.

이런 복지에도 불구하고 장애인 단체나 활동가들은 우리 사회엔 여전히 장애인에 대한 차별의 시선과 제도적 차별이 적지 않다고 말합니다. 장애인 단체 활동가들이 지하철 역에서 시위를 하는 걸 본 적 있지요? 이들이 시민들을 불편하게 만들면서도 행동하는 이유는 장애인에 대한 예산이 적절히 마련되지 않아, 각종 지원이 줄거나 무엇보다 장애인이 이동할 수 있는 권리(장애인이동권)가 박탈되고 있기 때문입니다. 아무리 수십 가지 이상의 다양한 지원책이 있다고 해도 장애인이동권과 같은 기본권이 적절히 보장되지 않는다는 점에서 대한민국 장애인 복지는 아직 갈 길이 멀어요.

많은 장애인과 그 가족이 국가나 지방자치단체에 장애 등록을 하지 않아 지원과 서비스를 받지 못하는 사례도 적잖습니다. 정부는 일정 절차에 따라 등록된 장애인에게만 서비스와 현금 등의 지원을 합니다. 등록 절차는 병원에서 진단서를 떼고 읍면동 행정복지센터를 찾아 신청을 하면 됩니다. 모든 장애인은 장애 정도를 국민연금공단에서 심사받아요. 그렇게 등록 장애인이 되면 다양한 혜택과 서비스를 받을 수 있습니다.

34

지옥고에서 살아 본 적이 있다고?

지옥고란 말이 있습니다. 여러분이 잘 쓰는 줄임말인데, 바로 (반)지하, 옥탑방, 고시원을 뜻해요. "사람이 살기 힘든 곳"을 가리킵니다. 도대체 어떻기에 지옥의 고통을 연상하도록 하는 지옥고라고 불리게 됐을까요?

봉준호 감독의 영화 〈기생충〉을 봤나요? 오스카상을 수상해 전 세계적으로 주목을 받은 이 영화에는 반지하에 사는 4인 가족이 나옵니다. 기택네 가족이죠. 반지하는 영어나 불어에 없는 단어예요. 한국만의 독특한 주거 공간이기 때문이죠. 이 영화가 주목받자 당시 영국 공영방송 BBC는 영문으로 "Banjiha"라고 표현하며, 한국의 수도 서울에는 수천 명이 반지하에서 살고 있다고 보도했습니다.

실제로는 수십만 명에 이릅니다. 한때 서울 거주 가구 10곳 중 1곳이 반지하에서 살았습니다. 이곳엔 어떤 사람들이 살까요? 가난한 사람들이고 그중 절반 이상이 50대 이상의 중고령층입니다. 학업과 취업을 위해 도시로 나온 청년들도 적잖습니다. 기택네와 달리 대부분 나 홀로 가구로, 기초생활보장수급가구 즉 극빈층도 많아요. 반지하 주택에 살아 본 사람들은 압니다. 비가 오면 물이 들어차기 쉽고, 기후 위기 시대에는 아주 위험한 주거지라는 것을.

  예전에 고시원은 사법 고시나 행정 고시 등을 준비하는 수험생들이 기거하던 곳이었어요. 하지만 이제 고시원에 더는 고시생이 없어요. 요즘에는 가난한 사람들이 모여 사는 곳으로 바뀌었답니다. 비교적 싼 가격에 오래 이용할 수 있는 이점 때문에 일용직 노동자나 시골 출신 청년, 독거노인 등 보증금을 낼 만한 형편이 못 되는 이들이 선호합니다. 많은 고시원은 길이 1.8m, 폭 1m 이하로 한 사람 정도 누울 정도로 좁고, 옆방의 티브이 소리가 그대로 들릴 만큼 소음 처리가 안 되는 곳이 많아요. 화재가 발생하면 목숨을 잃기도 쉽습니다. 사정이 이런데도 고시원은 최근 들어 오히려 늘어났어요.

  지옥고 가운데 그나마 괜찮은 곳이 옥탑방이라고 할 수 있어요. 다만 옥탑방을 얻으려면 약간의 목돈, 즉 보증금이 있어야 합니다. 영화나 드라마에서 나오는 대로 재벌가의 자식이 부모에게 밉보여 돈 없이 내쫓겨 한동안 살거나, 연인들이 알콩달콩 옥상에서 삼겹살을 구워 먹는 그런 낭만적인 곳이라고 여기면 곤란합니다. 옥탑방이 지옥고에 이름을 올린 데는 충분한 이유가 있지요. 현실에서 옥탑방은 햇빛과 바람, 냉기에 그대로 노출되어 여름에는 더위, 겨울에는 추위를 피할 수 없습니다. 기후 위기 시대에는 치명적인 곳이 될 수 있지요. 사생활 침해도 적잖아요. 다세대주택의 옥상은 여러 세대들이 장독대도 올려놓고, 작은 텃밭을 일구기도 하면서 사람들이 들락날락하는 경우도 있기 때문이지요.

" 인간이 살려면 최소 14m²의 공간이 필요해 "

지옥고의 가장 큰 문제는 인간이 살아가는 데 최소한 확보해야 할 주거 기준, 즉 최저 주거 기준이 제대로 지켜지지 않는다는 점일 것입니다. 1인 가구의 최저 주거 기준은 대략 4평(14m²)인데, 지옥고는 대부분 이 기준에 미치지 못해요. 한국도시연구소에 따르면 전체 가구의 9.9%(2015년 기준), 무려 188만 5317가구가 이 기준에 미치지 못합니다.

정부는 이들 주거 취약 계층을 위해 임대주택을 지원하는 등의 노력을 기울이고 있지만, 아쉽게도 실적이 미미하고 지원 혜택도 턱없이 작아 효과를 거두지 못하고 있습니다. "주거는 기본권이다"라는 시각에 입각해 실효성 있는 주거 복지 대책을 세워야 합니다.

인류세 시대, 새로운 복지국가는?

복합 위기를 대비해야 한다고?

지금은 복합 위기의 대전환 시대입니다. 종전과 다른 커다란 격변이 일고 있다는 이야기지요. 대형 쓰나미 같은 이런 격변은 여러 위기와 위험을 동시다발적으로 일어나게 한다는 점에서 문제가 됩니다. 복지국가에는 어떤 영향을 끼칠까요?

2024년의 긴 여름을 기억하나요? 밤이 깊었는데도 물러가지 않은 찜통더위가 떠오르나요? 수일째 이어진 열대야는 기후변화를 새삼 깨닫기에 충분했습니다. 지금도 다르지 않네요. 기후변화가 불러오는 재난은 때로는 메가톤급입니다. 오스트레일리아나 미국 캘리포니아에서 발생한 초대형 산불과 독일 등 세계 곳곳에서 일어난 홍수와 가뭄이 일으킨 피해를 보면, 기후변화가 왜 인류에게 위협적인지 체감토록 합니다.

기후 위기의 주범은 화석연료 사용에 따른 온실가스예요. 온실가스는 산업화 이후로 지속해서 증가하고 있어요. 산업화 이전에 비해 2023년 기준 이산화탄소는 50%, 메탄은 2.7배, 아산화질소는 24% 올랐습니다. 지구 평균기온이 1도 올라가면 극한 기상 이변도 갑작스럽게 늘어요. 1.5도 오르면 지구환경은 비상 상황이에요. 식량 공급이 불안정해지고 기후 재난이 더 자주 일어나죠. 과학자들은 2024년에 이미 산업화 이전보다 지구 평균기온이 약 1.55도 올랐다고 평가합니다. 2015년 〈파리협정〉에서 설정한 1.5도 제한선을 이미 초과했어요. 기후변화가 아니라 기후 비상사태,

기후 위기란 말을 실감하게 만드는 수치예요.

지구 평균기온이 2도 이상 오른다는 것은 "찜질방 지구"를 떠올리면 됩니다. 폭염으로 인해 사망에 이르는 일이 잇따라 나올 것이며, 2100년까지 해수면이 1미터 높아질 것입니다. 남극의 빙하가 급속히 녹으면서 온난화가 가속화할 것이고, 가뭄으로 식량 생산이 줄어 식량 전쟁이 벌어질 수도 있어요.

기후변화는 또 생물 다양성의 감소를 일으켜요. 지구의 평균기온이 1.5~2℃ 상승하면 세계 동식물의 20~30%가 멸종할 수 있다는 보고도 있어요. 열대 산호초도 99% 소멸됩니다. 멸종은 부메랑이 되어 우리를 위협해요. 어떤 종도 홀로 존재할 수 없어서, 한 생물이 멸종할 때마다 더 위험해지는 것은 결국 인간 자신이죠. 탄소 배출 추세가 이대로 지속되면 2030~2040년 사이에 2도를 초과할 것이란 게 과학자들의 예측입니다.

인간이 만든 지구 대위기, 인류세

이렇듯 생태 위기는 복지국가가 직면하는 초대형 위협입니다. 이런 위험은 인간의 무분별한 행위에서 비롯됐다는 게 과학자들의 분석입니다. 이런 맥락에서 몇몇 지질학자들은 현 시대를 "인류세"라고 부르기도 해요. 약 1만 1700년 전부터 현재까지를 지질

학적 시대로 "홀로세"라고 부르는데, 이제는 홀로세가 끝나고 인간의 활동이 지구에 영향을 끼치는 새로운 지질시대가 도래했다면서 그것을 인류세로 부르자고 주장하는 것이죠.

생태 위기를 특징으로 하는 인류세 시대는 복지국가마저 전방위적으로 뒤흔들고 있어요. 하지만 복지국가를 위협하는 것은 생태 위기만은 아니랍니다. 복지국가를 위협하는 대격변은 복합적이며 동시다발적인 쓰나미로 밀려온다는 점에서 과거와 전혀 달라요. 그래서 복합 위험(위기) 또는 다중 위기의 시대라고도 합니다.

생태·디지털·불평등 위기를 타개할 새로운 복지국가가 필요해

"디지털 전환", 인공지능(AI) 혁명이라고 들어봤지요? 디지털 전환과 AI 혁명은 사람과 사물의 네트워킹, 현실 세계와 가상 세계의 융합을 핵심으로 합니다. 에너지, 모빌리티, 헬스 케어, 제조업 등 산업과 경제 전반에 혁신과 변화를 가져와요. 이는 산업혁명 이래 가장 큰 변화로 기업과 산업구조는 물론 노동시장과 일의 방식, 고용 시장 등에 큰 도전이 됩니다. 특히 노동자들의 지위를 더욱 극단적으로 불안정하게 만들 수 있어요. 이는 결국 지금까지 뿌리내리고 있던 복지국가의 토양이 바뀌고 있다는 뜻이기도 해요. 여기에 미국과 중국의 패권 경쟁과 블록화된 글로벌 가치 사슬 등 "정치경제적 위기"도 큽니다.

이처럼 메가톤급 복합 위험의 쓰나미가 밀려오는 시대, 이름하여 복합 위험 혹은 다중 위기의 시대를 맞아 복지 한국은 어떤 대비를 해야 할까요? 대한민국 복지 체제는 이들 대형 위험에 맞서 어떻게 시민을 안전하게 보호할 수 있을까요?

글로벌 가치 사슬(GVC: Global Value Chain) 상품과 서비스의 기획, 생산, 유통, 사용, 폐기 등의 기업 활동 과정이 운송과 통신의 발달로 세계화와 분업화가 되는 현상을 말한다. 최근 국가 간의 경제적 이익 및 전략적 경쟁으로 인해 지역별로 협력하거나 분리되는 블록화 현상이 나타나고 있다.

기후 취약 계층이 있다고?

2024년은 날씨를 기록한 이래 가장 기온이 높은 한 해였다고 해요. 아마도 이 기록은 곧 깨질 것입니다. 해마다 지구는 더 뜨거워지고 있으니까요. 기후 위기로 인한 재앙은 특히 사회적 약자에게 더 가혹하게 나타납니다. 기후 위기 시대에 취약 계층은 누구일까요?

여러분, 취약 계층이란 말을 들어 봤지요? 구체적으로 누구를 말할까요? 우리나라 고용정책기본법에서는 취약 계층을 이렇게 명시합니다. "학력·경력의 부족, 고령화, 육체적·정신적 장애, 실업의 장기화, 국외로부터의 이주 등으로 인해 노동시장의 통상적 조건에서 취업이 특히 곤란한 사람과 국민기초생활보장법에 따른 수급권자 등"이라고 적어 놓았습니다. 이 정의로 보면 취약 계층은 자립하지 못한 사람들로 취업 취약 계층과 극빈층을 가리킨다고 할 수 있네요. 국민기초생활보장제도 수급권자, 차상위 계층, 수급권자는 아니지만 일정 소득 이하의 비수급 빈곤층, 장애인, 고령층 등이 여기에 속합니다.

취약 계층의 범위는 정부 정책과 시대 상황에 따라 확대됩니다. 조기 퇴직 후 재취업이 어려운 중고령층이나, 대학을 졸업했지만 취업을 못 하고 있는 청년, 나 홀로 여성 가구주, 한부모가족, 북한이탈주민, 이주 노동자나 이민자 등도 오늘날 취약 계층으로 복지 대상에 들어갑니다.

기후 위기는 숱한 재난을 불러옵니다. 가뭄과 홍수, 산불 등과 같은 기후 재난을 일으키죠. 이에 따라 새로운 취약 계층이 나타났는데, 바로 기후 취약 계층입니다. 한국보건사회연구원은 이를 "기후변화에 노출되어 있는 계층 중에서 특히 변화에 따른 영향에 민감하게 반응하고 이에 대응할 수 있는 적응 능력이 낮은 계층(임완섭 외, 2023)"이라고 정의했습니다. 야외에서 일하는 건설 일용직, 옥외 노동자 등이 이에 해당합니다. 지구가 뜨겁다 못해 끓기까지 하면서 가장 직접적으로 고통을 호소하는 이들이죠. 폭염 아래 일하면서 때로는 쓰러지거나 사망하기까지 하는 상황을 겪습니다. 옥외 노동자들의 건강과 안전이 기후 위기 시대에 새로운 복지 화두가 되고 있어요.

그들만이 아닙니다. 가스 점검원, 생활폐기물 수집운반원 등도 상황이 비슷해요. 국가는 이들의 고통을 완화하고 보호할 정책을 고민해야 합니다. 기후 위기는 기존의 취약 계층에게도 위험의 수위를 높이고 있어요. 노인, 천식이나 당뇨 등 만성질환자, 기초수급자, 일용직 노동자, 반지하 거주자나 낡은 주택에 사는 사람들은 이전보다 더 안전과 건강에 위협을 받습니다.

지난 2022년 서울 신림동 반지하에 2미터 빗물이 들어차 발달장애인 가족 3명이 사망한 불행한 사건이 있었어요. 이웃들은 폭우가 쏟아지자 방충망을 뜯고 반지하에 갇힌 가족들을 구하려고 했지만, 거동이 자유롭지 못한 이 가족은 수마를 피하지 못했어요.

기후 취약 계층에 대한 보호 대책이 전혀 없지는 않지만 아직 너무나 미약합니다. 무엇보다 인프라가 턱없이 부족해요. 사회보장기본법에는 "사회보장은 모든 국민이 다양한 사회적 위험으로부터 벗어나 행복하고 인간다운 생활을 향유할 수 있도록 자립을 지원하며, 사회참여·자아실현에 필요한 제도와 여건을 조성하여 사회 통합과 행복한 복지사회를 실현하는 것을 기본 이념으로 한다"고 명시합니다. 이 법의 취지가 실현되려면 기후 위기 시대에 걸맞게 복지 제도의 혁신이 필요해요.

37

녹색복지는 선택이 아닌 필수?

초기 복지국가의 목표는 빵을 보장하는 것, 즉 궁핍의 해소였어요. 이후 복지국가는 진화를 거듭하며 발전했습니다. 오늘의 생태 위기는 이전과 질적으로 다릅니다. 여기에 또 다른 위험들이 동시다발적으로 다가오고 있습니다. 복지국가의 새로운 설계가 절박해요.

앞 장에서 인류가 지질 환경 변화를 일으키는 주체로 등장했다고 말할 정도로 지구에 크나큰 영향을 끼쳐, 이름하여 인류세라고 부른다고 한 것을 기억하죠? 이 위기를 벗어나기 위해선 탄소 배출을 줄이는 탄소 감축 정책만으로는 충분하지 않습니다. 인간이 지구환경을 능동적으로 관리하는 한편, 지속 가능한 복지사회가 이어져야 합니다. 제가 녹색복지국가를 주창하는 이유입니다. 좀 더 자세히 알아볼까요?

생태 위기에서 자유로운 나라는 없습니다. 대한민국 또한 예외가 아니지요. 환경부가 2020년 7월 발표한 〈한국 기후변화 평가 보고서 2020〉을 보면 1880~2012년 지구의 평균 지표 온도는 0.8도 올랐지만, 1912~2017년 한국에선 약 1.8도 올랐어요. 한반도의 기온 상승 속도가 지구 전체보다 2배 이상 가파르다는 것을 알 수 있어요. 이대로라면 21세기 말에는 한반도의 연중 폭염 일수가 현재 10.1일에서 3.5배 늘어난 35.5일이 될 것으로 예상됩니다.

생태 위기는 이상기후로 나타나지만 피해는 지극히 "사회적인 것"으로 발생해요. 생태 위기에 따른 기후 재난은 불평등하게 전개되어 사회적으로 취약한 사람들에게 더 큰 피해를 일으킨다는 뜻입니다. 오늘날 지구촌 공동체가 직면하고 있는 위험은 과거와 근본적으로 달라요. 이에 적극적으로 대응하기 위해서는 무엇보다 국가의 역할이 달라져야 합니다.

지구 생태를 복원하고 지키는 녹색복지국가

이 새로운 복지국가를 저는 녹색복지국가라고 불러요. 강조점과 선호에 따라 사회생태국가, 생태복지국가, 녹색국가 등으로 말하는 이들도 있습니다. 어떻게 부르든 간에 장차 복지국가는 기후 위기를 비롯한 전대미문의 다중 위기를 극복할 수 있어야 한다는 점에서는 이견이 없어요.

녹색복지국가는 "지구 생태를 복원하고 지킬 수 있는 경제와 함께하는 국가"를 말해요. 지구 온난화의 주범인 화석연료가 아닌 태양열, 풍력 등 지구환경에서 순환 가능한 재생에너지로의 전환을 가리키는 녹색 전환을 이끄는 복지국가입니다.

녹색복지국가는 복지국가의 고유의 역할로서 국민들의 기초적인 삶을 보장하는 것과 동시에 소수의 성장보다는 모두의 번영을 이룩하고, 인류는 물론 지구촌에 삶의 터를 둔 모든 생명이 함께 사는 국가이어야 할 것입니다. 복지가 지향해 온 기본적 가치

를 기반으로 한다는 점에서 기존의 복지국가와 다르지 않지만, 탄
소 배출을 줄이는 녹색 정책을 통해 생태 위기를 극복하는 녹색국
가여야 한다는 것입니다. 아직은 이상에 불과하지만 이 이상이 현
실이 될 때 우리는 지속 가능한 삶을 이어 갈 수 있을 거예요.

38
녹색 복지국가는
어떻게
가능할까?

생태 위기 시대의 새로운 국가 비전으로서 녹색복지국가는 아직 가 보지 못한 국가의 길(비전)입니다. 그 길은 복지국가를 재구조화하는 험난한 과정일 테지만 인류와 자연의 공존을 위해서는 반드시 가야 할 길입니다. 과연 우리가 그런 길을 만들 수 있을까요?

질 높은 사회보장, 지속적인 경제성장, 환경보호는 모든 나라가 동시에 잡고 싶은 세 마리 토끼입니다. 녹색복지국가는 우리 삶에 중요한 요소인 이 세 마리 토끼를 잡고자 하는 복지국가의 새로운 미래입니다.

미래는 누군가 선언한다고 이루어지지 않아요. 그렇다면 어떻게 그런 미래를 만들 수 있을까요? 한 사회가 어떤 비전을 추구한다면, 그에 걸맞은 수단을 통해 그 비전을 차곡차곡 현실화하면 됩니다. 그 수단은 정책입니다. 그에 따른 법과 제도입니다. 그런 면에서 녹색복지국가의 비전과 가치에 걸맞은 새로운 정책이 필요합니다.

이런 정책이 실행되기 위해선 우선 녹색복지국가 비전에 대한 공감대가 정치권은 물론 사회적으로 폭넓게 만들어져야 하고 이를 바탕으로 해서 구체적인 정책 꾸러미가 마련되어야 해요. 여러분에게 익숙한 말들은 아니지만, 그래도 인내를 갖고 찬찬히 공부해 봐요.

정책은 우리가 갖고 있는 문제와 위기를 푸는 방침이라고 할 수 있어요. 경제정책, 사회정책, 재정 정책처럼 정부가 문제 해결을 위해 수립하는 방침이나 계획을 말해요. 법과 제도의 형태를 띠지만 전략적으로 설계된 종합 계획입니다.

녹색복지국가가 가능하려면 생태 위기를 극복하는 정책이 필요합니다. 저는 이를 생태 사회정책이라고 부릅니다. 삶의 질을 높이는 여러 복지 정책과 기후 위기를 해결하는 기후 정책을 합한 새로운 정책 꾸러미예요. 인간의 권리와 시민 삶의 질을 높이는 한편, 인간과 자연의 호혜적 공존이란 생태적 가치를 병행하는 정책입니다.

국가가 보장해 주는 보편적 기본 서비스

기후 위기와 생물 다양성 상실, 디지털 전환에 따른 노동시장의 변화 등 이른바 다중 위기 시대는 우리가 예전에 겪어 본 적 없는 새로운 국면이에요. 대전환이란 말이 한때 언론과 정치권에서 유행했는데, 이는 단순히 구호나 유행어가 아니에요. 기후 위기를 타개하기 위한 삶과 경제의 전환은 물론 시민의 사회권을 보장하기 위한 보편적 복지국가의 확장을 동시다발적으로 전개하는 것은 그야말로 대전환이 아닐 수 없습니다.

아직 우리가 시도해 본 적이 없는 목표이기에 다소 추상적이고 상상력에 기댄 면이 큽니다만, 구체적인 정책이 조금씩 나오고 있습니다. 생태 사회정책을 주창한 영국의 저명한 학자인 이안 고프는 그중 하나로 "보편적 기본 서비스"란 정책을 제시해요.

보편적 기본 서비스는 사람이 살아가는 데 필수적인 서비스를 누구나 누릴 수 있도록 하자는 아이디어예요. 예컨대, 아플 때 병원에서 언제든 치료를 받을 수 있어야 합니다. 보건 의료 서비스입니다. 어딘가로 가려면 교통수단을 이용해야죠. 교통 서비스입니다. 환자나 장애인, 노인과 아이 등은 돌봄이 필요하죠. 돌봄 서비스입니다. 이처럼 보건 의료, 교통, 돌봄 등 인간 생활에서 필수적인 서비스를 국가가 무료 또는 최소한의 금액으로 보장해 주자는 것이죠. 이게 바로 보편적 기본 서비스입니다. 2017년 영국 런던 대학의 세계번영연구소에서 처음 제기한 구상이에요. 모든 시민이 보편적 기본 서비스를 받을 수 있다면 사회의 불평등이 완화되고 시민 삶의 질이 획기적으로 높아질 것입니다. 다만, 이런 서비스가 실제 이루어지려면 정부의 재정 부담이 엄청 클 테지요.

보편적 기본 서비스는 그냥 상상의 영역만은 아닙니다. 일부 나라나 도시에서 부분적으로 시행하고 있습니다. 한국에선 어떨까요? 도입이 가능할까요? 도입한다면 어떤 서비스부터 도입하면 좋을까요?

39

정의로운 전환은 가능할까?

정의로운 전환, 들어봤나요? 오늘날 기후 위기에 대응하기 위한 녹색 전환 과정에서 반드시 지켜야 할 핵심 원리입니다. 기후 위기 대응을 위한 경제사회적 변화 속에서 노동자나 지역 주민, 취약 계층이 불이익을 받지 않아야 한다는 것이죠.

우선 전환이란 말부터 알아볼까요. 기존의 상태가 새로운 상태로 바뀌는 걸 뜻하죠. 체제 전환, 녹색 전환, 디지털 전환, 산업 전환과 같이 주로 다른 말과 결합되어 널리 쓰여요. 이때의 전환은 단순한 변화를 넘어 근본적인 구조나 방향이 바뀌는 걸 가리켜요. 기후 위기와 생물 다양성 상실이란 생태 위기는 한두 분야의 개혁으로는 극복할 수 없어요. 삶의 방식, 에너지 및 산업의 생산방식, 경제활동 및 복지 체제에 이르기까지 가능한 모든 영역에서 전환이 이루어져야 그나마 완화하거나 개선할 수 있어요.

전환의 과정은 기회와 위험이 공존해요. 누군가에겐 고통과 절망을 안겨 주지만, 또 다른 누군가에겐 기회가 되기도 합니다.

석탄은 기후 위기의 주범으로 인류가 기후 위기에서 벗어나려면 석탄 사용을 획기적으로 줄여야 합니다. 석탄 대신 재생에너지를 사용해야 해요. 독일과 영국 등 유럽의 선진 국가들이 탈석탄을 선언하고, 석탄 화력발전소를 폐쇄하는 이유죠. 문제는 탈석탄 과정에서 막대한 피해와 후폭풍이 발생한다는 점이에요. 석탄 화력발전소 폐쇄는 기후에는 긍정적이지만, 탄광 노동자들과 지역 경제에는 치명적입니다. 탄광촌이 폐쇄되면서 숱한 광부들이 일자리를 잃고, 덩달아 주변 지역의 경제도 함께 무너질 수밖에 없지요. 탈석탄은 지구와 인간 사회를 위해 불가피하지만 탄광 노동자나 지역 주민들에겐 생존권을 위협합니다.

정의로운 전환은 이처럼 전환 과정에서 노동자나 지역 주민들이 일방적으로 피해를 봐서는 안 된다는 개념입니다. "직접 혹은 간접으로 피해를 입을 수 있는 지역이나 관련 산업의 노동자, 중소상공인 등을 보호"하는 한편, "전환 과정에서 발생하는 비용 등을 사회적으로 분담하고, 보상 등의 방안으로 취약 계층의 피해를 최소화해야 한다"는 원칙이죠. 또 구체적 방안을 짤 때 정부, 고용주와 노동자, 지역의 소상공인 및 지역 주민 등 이해관계 당사자들이 다 함께 모여 결정해야 한다는 원칙이기도 합니다. 독일을 비롯한 유럽 나라들의 탈석탄 과정은 실제 이런 원칙이 적용됐습니다. 탈석탄 계획 및 실행 과정에서 탈석탄위원회를 꾸려 의사를 결정하는 것이 대표적인 사례입니다.

탄소 중립 사회로 가기 위한 정의로운 전환이 필요

우리나라는 어떨까요? 2021년 마련된 "기후 위기 대응을 위한 탄소 중립·녹색성장기본법"에 정의로운 전환 개념과 추진 방안이 명시되어 있습니다. 이 법에 따라 산업 전환으로 인해 경제적 어려움을 겪는 지역을 "정의로운 전환 특별 지구"로 지정해, 재정 지원이나 세금 혜택, 인프라 구축 등 종합 지원을 하도록 되어 있지요. 또한 전환 과정에서 발생하는 해고 등 여러 문제를 해결하고, 재교육 및 재취업 프로그램을 운영하는 지원 센터를 설립하도록 하고 있습니다. 지방정부로선 석탄 화력발전소가 많은 지역인 충청남도가 특히 선도적 노력을 하고 있어요.

정의로운 전환은 탄소 중립 목표를 이루는 과정에서 발생하는 사회문제를 해소 또는 완화하고 모든 계층이 공정하게 전환 과정에 참여할 수 있도록 보장하기 위한 것이지만, 구체적인 실행 방안과 예산 확보 등 풀어 가야 할 과제도 많아요. 그렇기에 무엇보다 정부와 기업, 노조와 지역 주민 등 이해관계자들이 다 함께 협력할 때 비로소 이루어질 수 있을 것입니다.

40

실패해도 괜찮은
이상한 나라의
앨리스?

〈이상한 나라의 앨리스〉는 다들 한 번쯤 들어봤죠? 주인공인 소녀 앨리스가 토끼 굴에 들어가 기묘한 생명체들이 사는 원더랜드에서 모험을 겪는 이야기를 담고 있지요. 이 이야기가 복지국가와 무슨 관련이 있을까요?

〈이상한 나라의 앨리스〉는 단순한 동화가 아닙니다. 사회와 인간 심리를 풍자하는 이야기입니다. 흔히 이 작품의 메시지를 참된 자아 찾기라고 말합니다. 동화 속 앨리스는 복잡한 세상을 겪으면서 자신이 누구인지조차 모르게 되죠. 이 모습을 통해 역설적으로 자기를 발견하는 것이 얼마나 중요한지 또 얼마나 어려운지를 말하고 있습니다.

공감이 가나요? 이밖에도 하트 여왕과 그녀가 내리는 "당장 목을 쳐라"라는 명령은 권력자의 비합리적인 권위를 풍자합니다. 앨리스는 또 꿈속에서 모험을 하며 현실과 다른 세계를 경험하지만 결국 깨어나는데, 이는 현실도피와 상상의 중요성을 동시에 강조합니다.

사람들이 꿈을 꾸는 이유는 어쩌면 현실에서 그런 꿈이 이루어질 수 없기 때문이 아닐까요? 한국인의 행복 지수는 다른 나라보다 유독 낮아요. 해마다 경제협력개발기구(OECD)에서 발표하는 행복 지수에서 한국은 OECD 38개국에서 35위(2023년 통계)에 그칩니다. 이유가 뭘까요?

어쩌면 다수의 한국인도 앨리스처럼 자신의 참 자아를 잃고 주변과 상황에 이끌려 불안과 고통 속에서 살아가고 있는 게 아닐까요? 자아를 찾고 꿈과 현실의 간극을 줄이려면, 실패해도 툴툴 털고 "괜찮아" 하면서 다시 일어설 수 있어야 불안을 덜고 힘들더라도 꿈을 좇을 수 있을 것입니다. 이를 위해서는 우리 삶의 행복 지킴이가 충분히 작동하도록 만들어야 해요.

보편적 복지국가는 인간다운 생활 보장을 국가의 의무이자 책임으로 규정합니다. 복지 선진국은 대한민국보다 더 낮은 경제 규모와 수준일 때, 이미 교육, 노후, 일자리, 의료, 주거 등을 국가가 보장하는 사회보장 체계를 갖추었지요. 이런 나라에서 앨리스는 전혀 다른 어른으로 성장할 거예요. 한국의 10대는 이상한 나라의 일그러진 앨리스들이죠. 남들보다 더 잘하기 위해 늦은 밤까지 수 개의 학원을 돌며 선행 학습을 합니다. 입시 경쟁의 현실은 그야말로 지옥이죠. 이런 상황에서 자신의 자아를 찾기란 어렵습니다. 성적이 조금만 떨어지면 이른바 "인 서울"을 못합니다. 서울에 있는 대학에 진학하지 못하죠. "스카이(SKY)"에 진학하지 못하면 실패자로 취급당하는 시험 능력주의가 팽배한 가운데, 청소년들의 꿈은 사그라질 수밖에 없습니다.

"성적이 떨어져도 괜찮아, 원하는 대학에 가지 못해도 괜찮아." 아이들이 자신을 다독거리며 진짜 자신이 원하는 꿈을 찾고 그 꿈을 향해 달려갈 수 있는 사회야말로 우리가 진정 살고 싶은 사회일 것입니다. "실패해도 괜찮아, 앨리스"라고 크게 말할 수 있는 나라가 좋은 나라일 것입니다. 이런 사회와 나라를 위한 가장 구체적인 정책이 복지입니다. 그런 복지가 제도적으로 튼튼히 세워진 나라가 좋은 복지국가입니다.

그런 사회, 그런 나라는 결국 우리 사회의 다수 구성원이 어떤 정치와 정책을 선택하느냐, 어떤 목소리를 내느냐에 달려 있을 거예요.

인간의 얼굴을 한 복지국가

어느새 마지막 장에 이르렀네요. 사실 우리나라는 성공한 나라입니다. 일제강점기와 분단이라는 비극의 역사를 뚫고 세계 10위권의 경제 대국이 됐습니다. 2023년 기준 1인당 국민총소득에서는 일본보다 앞섰습니다. 세계 6위에 이릅니다. 경제만이 아니에요. 케이팝이 보여 주듯이 대중음악, 영화 등 문화 콘텐츠에서도 세계 정상급 수준을 자랑합니다. 더는 대한민국은 가난한 폐허의 이름 모를 나라가 아닙니다.

하지만, 또 다른 대한민국의 얼굴이 있습니다. 유례없을 정도의 초저출산, 너무나도 높은 노인 빈곤율과 악화하는 불평등은 우리나라를 성장이 둔화되는 수축 사회로 만들고 있습니다. 높은 자살률은 이런 우리 사회의 어두운 이면을 비극적으로 드러냅니다. 성공과 성취의 시간 뒤에 칙칙하고 메마른 불행과 고통의 시간이 공존하는 나라가 대한민국이죠.

한 편에서는 여러분이 살고 싶은 대한민국이지만, 다른 한 편에서는 한때 "헬조선"이라고 부른 떠나고 싶은 대한민국일 것입니다. 대한민국을 어떤 나라로 만들 것인가는 대한민국 구성원들의 선택이며 오늘의 대한민국은 그 결과입니다. 두 얼굴의 대한민국, 여러분은 어떤 대한민국에서 살고 싶은가요?

한 언론기관과 연구소가 벌인 흥미로운 설문 조사가 있습니다. "당신이 바라는 국가는 다음 중 어떤 나라인가요?"라는 질문의 설문 조사입니다. 각기 2010년(KBS)과 2023년(한국비정규노동센터)에 이루어진 조사입니다. 두 조사에서 시민들은 자신들이 바라는 국가 모델의 첫 순서로 "빈부 격차가 적고 사회복지가 잘 갖춰진 나라"를 꼽았습니다. 2010년에는 열 명 중 5.6명이, 2023년엔 열 명 중 5명이 이렇게 답했습니다.

두 설문 조사를 종합하면, 시민의 절반 이상이 격차가 적고 복지가 잘 갖춰진 나라, 곧 복지국가를 바란다고 말할 수 있지요. 경제적으로는 성공한 나라가 됐지만, 살기에는 너무나 치열한 경쟁과 격차가 극심한 정글 같은 우리 사회를 좋은 나라로 바꿀 수 있는 유력한 대안이 복지국가라고 생각한다는 이야기입니다.

현실 세계에서 복지국가는 실은 복지만 잘 갖춰진 나라만을 뜻하지 않습니다. 경제성장의 과실이 사회 구성원에 골고루 나눠질 수 있는 나라이기도 합니다. 이런 나라의 복지는 빈곤층 일부만 누리지 않습니다. 누구나 최저 소득을 보장받을 수 있는 보편적 소득 보장, 누구나 경제적 부담 없이 치료받을 수 있는 보편적 의료 보장, 지역이나 소득수준 관계없이 누구나 질 높은 자기 발전의 기회를 보장받는 보편적 교육 보장, 더불어 누구나 안심하고 가족과 함께 보낼 수 있는 최소한의 주거 공간을 갖는 주거 보장이 이루어지는 나라, 곧 인간다운 삶이 보장되는 그런 나라입니다.

우리는 이를 보편적 복지국가라고 말합니다. 자본주의 세상에서 그런 나라가 어디 있어요? 그런 나라는 꿈속에서나 가능한 것 아니에요? 이런 질문을 할지 모릅니다만 이 책을 처음부터 찬찬히 읽은 이들은 압니다. 그런 나라가 있고, 그런 사회에 가까운 나라가 꽤 있고, 가능하다는 것을. 보편적 복지국가는 인간의 얼굴을 한 자본주의 국가입니다.

이쯤에서 복지국가에 대해 복습해 볼까요? 복지국가는 시장과 자본의 지배력의 정도, 시장에 대한 규제와 복지 제도의 발전 정도에 따라, 영미(영국과 미국)형의 자유시장경제 모델이 있고, 그 대척점에 북유럽형 사회민주주의 모델이 있습니다. 그 사이에 대륙형 조정시장경제 모델이 있습니다. 이를 복지국가로 이름 지어 나누면 영미형(또는 앵글로-색슨형) 자유주의적 복지국가, 북유럽형(또는 노르딕형) 사회민주주의적 복지국가, 그리고 유럽 대륙형 보수주의적-조합주의적 복지국가라고 할 수 있습니다.

첫 번째 영미형 자유주의적 복지국가는 빈곤층이나 저소득 노동자 등 국가에 의해 보호가 필요한 사람들이 주로 복지 지원의 대상이며, 시장과 자본의 지배력이 강한 특성이 있습니다. 복지는 기업 등 민간에 의해 이루어집니다. 두 번째 유형인 북유럽형 사회민주주의적 복지국가는 보편적 복지 제도를 구축한 나라며, 복지가 하나의 권리로 국가에 의해 보장되는 나라입니다. 대신 그만큼 높은 세금을 내도록 합니다. 세 번째 유형인 유럽 대륙형 보수주의적-조합주의적 복지국가는 복지가 민간이나 기업보다 국가 책임하에 이루어지긴 하나 그 수준이 사회적 지위와 매우 밀접하게 연관되어 제공됩니다. 사회적 지위는 가족의 계층이나 가입자의 직업을 가리키는데, 이에 따라 복지 혜택이 달라집니다. 즉, 사회보험 급어는 시장에서의 임금 차이를 반영해, 고소득 직업군은 더 많은 급여를, 저소득 직업군은 적은 급여를 받는 구조라는 것이죠. 사회복지 급여를 받을 때도 기존의 사회적 지위와 계층이 그대로 유지됩니다. 예를 들어, 직업별로 연금제도가 다르고, 사회보험의 수혜 수준도 직업이나 소득에 따라 차등적으로 제공됩니다. 이러한 구조는 사회적 이동성(계층 상승)이 낮고, 기존의 사회적 지위와 계층 구조가 강화되는 결과를 낳습니다.

이들 가운데 한국 사회는 어떤 복지국가를 지향해야 할까요? 보편적 복지국가인 두 번째 유형일 것입니다. 하지만 복합 위험의 기후 위기와 저성장 시대엔 보편적 복지국가의 문법만으로 복지국가가 지속 가능할지에 대한 의문이 일고 있습니다. 복지국가에 대한 새로운 고민이 대두될 수밖에 없는 불확실성과 대전환의 시대이기 때문입니다. 저는 그 하나의 지향으로 녹색복지국가를 제시했습니다.

우리 사회가 실제 도달하거나 할 수 있는 지점이 어딘지는 아직 알 수 없습니다. 중요한 것은 어떤 복지국가로 나아갈 것인지는 여러분을 포함해 우리 사회의 다수 구성원이 어떤 지향을 하느냐에 결국 달려 있다는 사실입니다.

질문하는 사회 13

복지가 왜 권리일까?

초판 1쇄 발행 2025년 9월 5일

지은이 이창곤
그린이 원혜진
펴낸이 이수미
편집 김연희
북 디자인 신병근, 선주리
마케팅 임수진

종이 세종페이퍼   인쇄 두성피엔엘   유통 신영북스

펴낸곳 나무를 심는 사람들
출판신고 2013년 1월 7일 제2013-000004호
주소 서울시 용산구 서빙고로 35 103-804
전화 02-3141-2233   팩스 02-3141-2257
이메일 nasimsabooks@naver.com
블로그 blog.naver.com/nasimsabooks
인스타그램 @nasimsabook

ⓒ 이창곤, 2025
ISBN 979-11-93156-31-5
　　　979-11-86361-44-3(세트)